演出家 鈴木忠志

そ の 思 想 と 作 品

演出家 鈴木忠志

その思想と作品

渡辺 保

Tamotsu Watanabe

岩波書店

目　次

カバー写真＝青山清寛

序章

演劇の原点

鈴木忠志が本拠地とする富山利賀村の野外劇場／撮影：青山清寛

いま、なぜ鈴木忠志なのか。

二つの理由がある。一つは鈴木忠志が今日の演劇界のなかでもっとも演劇の本質的な問題を問う演出家だからである。演劇の原点は言葉と俳優の身体の関係にある。鈴木忠志はその関係について考察を進めて今日に至った。その演劇観は一方で人間存在の基本に及び、一方ではその人間の形成する文化に及んで、文明論にまで達した。そのために演劇界以外の多くの人の関心を呼んできたし、その仕事は世界各国に広まった。しかし日本の演劇界では必ずしもその本質が十分に理解されているとはいえないだろう。

もう一つの理由は、鈴木忠志の仕事が演劇の近代から現代への転換点を示し、その歴史的な意味が大きいにもかかわらず、その革命的な発明の歴史的意味が、今日忘れられているように見えるからである。

以上二点。鈴木忠志の仕事はもう一度正確に記録され、検討されるべきだと私は思う。

それにはまず鈴木忠志が歩んできた道をたどらなければならない。

一九六〇年代から七〇年代にかけて私たちは二つの大きな転換を経験した。

一つは一九六〇年と七〇年に起こった日米安全保障条約改定をめぐる反対運動である。一九六〇年六月十五日、闇の中に照らし出された国会議事堂は反対運動のデモ隊の罵声と閃光に包まれてあたかも炎上するかの如くだった。すでに日比谷の劇場に勤めていた私は遠くからこの光景を目の当たりにしただけであったが、これが保守政治体制に対する「異議申し立て」であり、社会の中に大きな地殻変動が起きつつあるという実感は疑いようがなかった。その騒乱のなかで東大生樺美智子が死んだ。

もう一つの体験は、その後に起こった生活の変化である。六〇年安保の騒動の責任をとって辞任した岸信介首相の後任池田勇人首相の掲げた政策は経済の高度成長、国民所得倍増であった。その結果国民生活に大きな変化が起きた。自動車、テレビが普及し、江戸時代以来ほとんど変わることがなかった畳、襖、障子の生活体系は、椅子、テーブル、ドアの西欧式のそれになった。そこで育った日本人の体形が変わったことはいうまでもない。

政治体制への異議申し立て(それは結局失敗に終わったが)、その後に来た生活様式の変化は、それが私たちに大きな変化をもたらしたという意味では、明治維新や敗戦に並ぶ大きな地殻変動であり、その変動は政治、社会、文化の各方面に及んだ。

演劇もまたその渦中にあった。

戦後演劇好きの一青年であった私は、その変化をどう受けたか。その変化を象徴する事件が三つある。

一つは一九五八年に来日したモスクワ芸術座の公演。

もう一つは一九六〇年のサミュエル・ベケットの「ゴドーを待ちながら」の上演。

そして一九六七年の麻布材木町の自由劇場の開場。

モスクワ芸術座の来日は戦後初めての外国劇団の公演だが、当時現代演劇の主流であった新劇の世界に大きな衝撃を与えた。

来日公演は故人スタニスラフスキーとダンチェンコ共同演出によるチェーホフの「三人姉妹」と「桜の園」、ゴーリキーの「どん底」、それに新作「落ちつかない老年」の四本。私は新橋演舞場で「三人姉妹」を、大手町のサンケイホールで「桜の園」を見た。その舞台は近代劇のリアリズム作品として最高の舞台であった。寸分のスキもなくリアルに再現されたロシアの田園の家を飾った舞台。窓の外に広がるロシアの風景、「三人姉妹」の食卓を飾るガラスの触れ合うかすかな音、「桜の園」の窓から差し込む陽光の輝き。たとえば「三人姉妹」の舞台で実際に涙を流すイリーナの若い女優の演技。なにもかも本物に見えて私たちを圧倒した。そのリアリティによって私たちはそこにチェーホフの描いた世界を実際に見たのである。これだけ完成した近代リアリズムのすぐれた舞台は私の知る限りその前にも後にもなかった。当のモスクワ芸術座でさえ、この十年後の二回目の来日公演ではその面影がほとんど消えていた。ロシア自体の政治体制の変化、市民生活の変化のためだろう。その証拠に一回目の公演では、舞台で涙を流した女優は楽屋に一日籠って集中していたのに、二回目の公演の俳優たちは秋葉原へ電気製品を買いに出かけるという噂であった。

ご承知の通り自由劇場や築地小劇場によって日本の新劇を創始した演出家小山内薫は、モスクワに行って芸術座の舞台を見てその演出をノートし、それを基本に新劇を作った。いわばモスクワ芸術座は新劇のお手本であり、本家本元であった。ところがその本物がやって来てみれば、日本の新劇、ことにチェーホフのような翻訳劇とは一体なんだったのかということになった。チェーホフの戯曲を日本人が日本語でやるのはそもそも欺瞞ではないかという議論からリアリズムはここまで追求されなければならないという主張まで、さまざまな反応があらわれた。そのうちでもっとも重要なことは、今までの新劇の舞台、それも翻訳劇が空虚で空々しく見えてきたことである。

それは日本のリアリズムが遅れていること、スタニスラフスキー・システムという俳優術の吸収が未成熟であったこと、そしてなによりもあの地殻変動によって起きた既成のシステムに対する反省、それによって生じた感覚の変化によるだろう。


それによって翻訳劇はもとより、近代劇のリアリズムに対する反省が生まれた。プロセニアムの舞台にリアルな装置を飾ってリアルな空間をつくったとしても所詮芝居は虚構である。近代劇のリアリズムは、その虚構であることを隠してあたかもそれが現実であるかの如く装ってきた。その体制に不信感が募って来たのである。

そうなると、なにを見ても白々しく、ウソっぽく見えてくる。それはリアリズムをその本質とした近代演劇そのものの構造への不信感であり、「異議申し立て」であった。政治体制や経済の市民生活と同じ現象が演劇にも起こったのである。すなわち新劇の地殻変動。これはむろんモスクワ芸術座の来日だけではなく、時代の感覚そのものの大きな変化のためであった。

そしてモスクワ芸術座の来日の二年後、奇しくもあの安保騒動の一九六〇年に画期的な作品が私たちの前にあらわれた。文学座のアトリエの会が安堂信也翻訳演出で上演したベケットの「ゴドーを待ちながら」である。すなわち不条理演劇の登場。不条理演劇とは、評論家マーティン・エスリンの命名で、人間の不合理で筋の通らない不条理を描く作品をいう。その代表的な作品の一つがベケットの

「ゴドーを待ちながら」である。「ゴドー」がパリで初演されたのは一九五三年、日本初演の七年前。すでに七年前にパリでは地殻変動が起こっていたのである。

今でも私は、麴町の都市センターホールで見たこの舞台が忘れられない。舞台には枯れ木が一本、二人の浮浪者風の男が二人、「ゴドー」(ゴッド——すなわち神の隠喩)という人物を待っているが、通り過ぎるのは老人と少年のみ。待っているうちに一幕が終わってしまった。休憩になって二幕になってもゴドーはやって来ない。通り過ぎる老人は一幕と違って目が不自由になっているし、外の世界ではなにかが起こっているに違いないが、それがなんだかもわからない。ゴドーという人間から二人にもう少し待つようにという使いが来るが、ついにゴドーはやって来ないうちに二幕目の幕がおりてしまった。狐につままれたような気持ちであった。ここには物語もなければ私たちの知っているドラマもない。これが芝居なのかという思いがした。のちに出演者の一人であった宮口精二から直接「あの芝居はなにがなんだかよくわからなかった」という告白を聞いたが、やっている人がわからないのだから、見ている方がわからないのは当然である。これをはじめて見た人間の驚きは今日全く想像できないだろう。少なくともモスクワ芸術座の衝撃とは対照的であった。

のちに渡辺浩子訳、演出、宇野重吉主演の「ゴドー」、あるいはすまけい主演の舞台を見て少しはわかるようになったが当時の私には全くわからなかったのである。

「ゴドー」につづいてイヨネスコの「犀」、ハロルド・ピンターの「恋人」と「ダム・ウェイター」を見た。「犀」もある日突然一人の男が動物の犀になるという物語であるが、人間が犀になる不条理がふくまれていて、近代劇の物語の解体、ドラマという概念そのものの解体の傾向が明らかであった。

これらの作品の登場によって日本の創作戯曲にも不条理演劇があらわれた。その代表的な旗手は別役実である。別役実の作品の定番である、一本の電信柱、ベンチ一つという風景はとりもなおさずあの「ゴドー」の影響のもとにあらわれたものである。

この近代劇のリアリズムによる物語の解体、ドラマの概念の変貌と同時に起こったのが、劇場の変化である。

一九六〇年代の初めまで私たちはプロセニアム様式、つまり額縁式の劇場しか知らなかった。新劇の牙城は文学座のアトリエ、俳優座の俳優座劇場、その他はホールという風に、商業演劇の大劇場にくらべて収容人員の少ない小規模ではあったが、プロセニアムの様式は変わらなかった。あとでふれる唐十郎にしても、私がはじめて見た唐作品の「ジョン・シルバー」は日仏会館ホールという普通の劇場で上演されたのである。ところがこのプロセニアムを排除した小劇場が出現する。

私がはじめて小劇場へ入ったのは、六本木材木町のガラス屋の地下に出来た自由劇場であった。暗い階段を降りると、そこは小さな部屋で、形ばかりの幕やちょっと高い舞台はあったが、客席と舞台の間にほとんど境界線がない。プロセニアム形式では、舞台は客席と幕によって完全に遮断されていて、一つの額縁の中に舞台が収まるという構造で、劇空間の非現実と客席の現実がはっきり二分されている。

ところがこの自由劇場にはほとんどその構造がない。客席は舞台と一つになっている。収容人員は百人くらいであったろうか。小さな、どこにでもある空間であり、それは単に小さいだけではなく、そもそも舞台と客席、現実と虚構の境界線を取り払ったところに意味がある。空間がプロセニアム形式から解放されたのである。

これを「小劇場」と呼ぶ。一時は「アンダー・グラウンド劇場（俗に「アングラ」）とも呼ばれたが、この小劇場を使った劇団の一部から「アングラ」という呼び方を嫌う意見が出た。自分たちは決して地下に潜った、いわば非合法な演劇をやっているわけではない。むしろ演劇としては正統なのだという訳である。ただ大劇場と小劇場の間には単にスケールの大小の違いがあるわけではなく、その構造の違い、理念に違いのあることには留意しなければならない。

自由劇場は佐藤信、斎藤憐、津野海太郎、佐伯隆幸、役者では串田和美、吉田日出子、村井国夫、らがいて、独特の小劇場を展開した。

時間的にはもっとも早く出来た小劇場は、竹内敏晴の代々木小劇場であったが、私が見た最初の小劇場は自由劇場であり、つづいて早稲田の喫茶店の二階にあった鈴木忠志の早稲田小劇場や、寺山修司の並木橋の天井桟敷、そして唐十郎の紅テント、新宿文化の地下の蠍座という風に各所に小劇場が出現して、六〇年代から七〇年代にかけて、小劇場時代がやってくる。

この小劇場によってさまざまな才能が開花したが、その中で共通していたのは「新劇」に対する「異議申し立て」つまり「反新劇」という理念であった。新劇は劇作家の書く戯曲を頂点として、戯曲の精神、テーマを舞台上に視覚化する演出家、さらに俳優はじめスタッフというヒエラルキーを持つ体制であるが、小劇場の旗手たちは、その体制に反対した。それはいわば近代劇の持つ近代の体制であり、プロセニアム形式の近代的なリアリズムの否定にもつながっていた。この主張によって演劇は大きく変革されることになった。

すなわち、小劇場運動は近代劇的なシステムへの反抗として起こったのである。リアリズムの崩壊によってシステムが機能不全におちいった今、その構造を変えない限り、演劇が蘇ることはない。もっと自由に俳優やスタッフの領域を解放しなければならない。

これが反新劇、新劇に対する「異議申し立て」の内容であった。それには不条理演劇のような物語やリアリズムにだけ依存するのではなく、俳優の魅力や世界の構造を示すものでなければならない。そこに小劇場の旗手たちの変革への目線があった。

一九六〇年から七〇年代にかけて起こった小劇場運動はおおきなうねりをもって多彩な花を咲かせた。

その中でもっとも注目すべきは次の五人あるいは五つの団体であった。すなわち天井桟敷をひきいた寺山修司、紅テントの唐十郎、別役実と組んで早稲田小劇場で活躍した鈴木忠志、劇作家斎藤憐と組んだ自由劇場の佐藤信、清水邦夫と組んで現代人劇場をはじめた蜷川幸雄である。

寺山修司の戯曲を最初に読んだのは「血は立ったまま眠っている」であった。この戯曲が雑誌に載った時、同時に載った石原慎太郎の「狼生きろ、豚は死ね」が幕末の政局を描いて一つの物語を持っているのに対して、「血は立ったまま」は具体的な物語をほとんど持たない、いわば詩的なイメージによるもので対照的であった。一方が具象画だとすれば、寺山修司はいわば抽象画である。抽象画がそうであるように、物語を詩によって描く詩劇に近い戯曲であった。

その後も寺山修司は「毛皮のマリー」、「新宿版千一夜物語」と前衛的な志向を強め、ついに街頭演劇のような実験的な試みを行うようになった。それはそれで興味深い。しかし私は、そういう志向を見る度に、寺山修司にとって演劇は一手段であって、彼自身にとって演劇という形式が本当に必要なのだろうかという疑念にとらわれざるをえなかった。

それに対して唐十郎はあくまで演劇の人であった。日仏会館の「ジョン・シルバー」は唐十郎作、堂本正樹演出で、唐十郎が演じる、明るく野性的で浴衣を尻からげにして荷物を担いだ床屋が特異で印象的だった。唐十郎はむろん劇作家であり演出家であり、「状況劇場」の主宰者でもあるが、それ以上にその存在の在り方が問われる俳優でもあった。後にその身体の在り方は著書『特権的肉体論』としてあきらかになる。

日仏会館は普通のホールであったが、その後唐十郎は、紅テントという奇想天外な発想によって東京という巨大都市を侵犯する。その点では寺山修司の街頭演劇と同じく劇場を捨てて町へ出たのである。ことにその紅テントでは、その舞台の背後のテントの一角を取っ払って、向こうに見える現実の街の風景に芝居が溶け込んでいくという演出を見せた。あるいは上野不忍池の水上音楽堂では、その池の水面から役者が登場するという現実と虚構の融合を行った。それはある意味での既存の劇場空間からの逸脱であった。

もっとも唐十郎自身が書いた戯曲も抽象的な詩劇といってよく、それは物語の解体、ドラマの拒否というわけではなかった。寺山修司と同じく戯曲の形式の構造そのものを否定したわけではない。

その二人と対照的だったのは鈴木忠志である。

鈴木忠志は別役実と組んで早稲田小劇場をはじめたが、間もなく別役実と別れて独特な方法を発見する。それについてはのちにくわしくふれるが、ここでは二つの点を指摘しておきたい。一つは寺山修司や唐十郎と違って劇場を捨てなかったこと、もう一つは戯曲そのものの在り方を改革したことである。

蜷川幸雄も劇場そのものを捨てなかった。むしろ劇場の中のドラマを外の現実と対比させたのである。

蜷川幸雄を最初に見たのは、新宿文化の映画上演のあとの「アートシアター新宿文化」と呼ばれた舞台で、演目は清水邦夫の「真情あふるる軽薄さ」。舞台に大きな階段があってそこに群衆が集まってくる。群衆はすなわち社会そのものだろう。群衆にはいろいろな意見があり、衝突がある。そのうち、この行列が警察の機動隊に弾圧されるところで幕が下りる。終演だから帰ろうとして席を立とうとしたら、客席の周囲はいつのまにか機動隊に囲まれている。むろん機動隊は本物ではなく、役者が扮している。しかし、その時の恐怖はたとえようがなかった。しかし、重要なのは恐怖ではない。この芝居が上演された時、新宿の街にはほとんど毎日デモと機動隊があふれていて衝突が繰り返されていた。その現実に劇場の虚構はつながっていた。単につながっているのではなく、現実を虚構が取り込んで虚構が現実そのものになっていたのである。

蜷川幸雄は清水邦夫の戯曲によって劇場の空間に固執した。たとえば七〇年安保の敗退の後の喪失感を描いた「泣かないのか？　泣かないのか一九七三年のために？」は、石になって生き延びるか、戦って死ぬかという二者択一を激しく迫る傑作だったが、それは私たちに生き方の選択を迫る舞台であり、私たちの現実を鋭く描いた作品であった。しかし戯曲があって俳優がいて演出家がいて劇場があるという形式を変えるものではなかった。

蜷川は書かれた戯曲に常に忠実だった。物語を解体もしなかった。彼は世界を描くこと、その世界での矛盾を描こうとしたのである。

自由劇場という小劇場で活動していた佐藤信や斎藤憐や串田和美も劇場を捨てたわけではないし、舞台、俳優の方法論を改革したわけではなかった。佐藤信の「おんなごろしあぶらの地獄」や「女鼠小僧」は、林光の音楽を導入するところに大きな特徴があった。後の大ヒット「上海バンスキング」はそういう傾向の成果である。

歌の導入。それまでの新劇も歌を使わなかったわけではない。しかしそれはあくまで伴奏音楽——いわゆる劇伴とよばれるもので、ドラマの伴奏に過ぎなかった。しかし佐藤信の歌はそのものがテーマであり主役であった。それは大劇場でのミュージカルの隆盛とも、秋元松代の「近松心中物語」で蜷川幸雄が森進一を使い、鈴木忠志が「トロイアの女」で欧陽菲菲《オーヤン・フィーフィー》の歌を使ったのとも遠くどこかで呼応していると思う。激しい改革の嵐のなかで、その嵐に収まり切れない感情のしたたりが芝居の中心になったのである。

寺山修司、唐十郎、鈴木忠志、蜷川幸雄、佐藤信と並べてみると、この五人はそれぞれ異色の面白さを持っている。しかし、この五人のなかで、私が特に鈴木忠志に興味を持っているのは、すでに触れたとおり、鈴木忠志がもっとも深く言葉と俳優の身体の関係を追求したからにほかならない。その追求は、演劇の原点に及んで、独自の俳優術を生み、そして戯曲の形式の本質を問う芸術的なものであった。

それでは、鈴木忠志がその作品をどのようにしてつくり、なにを見つけたのかを、個々の作品にそって考えていきたい。

1

「どん底における民俗学的分析」

早稲田小劇場／写真提供：SCOT

私がはじめて見た鈴木忠志の作品は、一九六八年十一月に上演された「どん底における民俗学的分析」であった。

その半年前に上演された「主役主役道者《してしてどうしゃ》——歌舞伎十八番「鳴神《なるかみ》」より」も鈴木忠志に誘われたが私は見に行かなかった。すでに私は歌舞伎の舞台ですぐれた「鳴神」をいくつか見ていて、その印象が壊れることに抵抗感があったからである。「主役主役道者」という題名は、鳴神上人が雲絶間姫《くものたえまひめ》の恋物語に聞き入って、それからどうした——つまり「してして、どうじゃ」というせりふから来ている。主役をシテと呼ぶこと、道者は鳴神上人が修行僧であることをもじってある。そういうもじりにも私は違和感があった。

「どん底——」は、当時私が勤めていた東宝演劇部の演出部に、江連卓という芝居を書いている青年がいて、彼が鈴木忠志と知り合いであったために彼に誘われて見に行った。

早稲田の穴八幡の四つ角を大隈講堂の方へ行く道の右側にモンシェリという喫茶店があって、裏手の路地から外階段で二階に上がると、短い廊下を通って大きな部屋を改造したようなスペースへ出る。正面が一段高い舞台、左手に短い脇舞台。百人くらいは入れるだろうか。それが鈴木忠志が主宰する「早稲田小劇場」の本拠であった。

そこで私は江連卓と二人で「どん底——」を見た。

マクシム・ゴーリキーの「どん底」は新劇の代表的な名作である。しかし鈴木忠志の「どん底

――」は、ゴーリキーの原作の舞台であるロシアの木賃宿を現代の精神病院に変え、その病院の入院患者の繰り広げる、宴会のような狂躁的な舞台であった。

いまから考えると、ここにすでにのちの鈴木忠志の思想の原点があらわれている。現に鈴木忠志は別役実との対談で次のようにいっている（鈴木忠志＋別役実「早稲田小劇場の誕生をめぐって」――工作舎刊『劇的なるものをめぐって――鈴木忠志とその世界』所収）。

別役　実　『劇的なるものをめぐって』の混沌たる原形はどこにあったのかね？

鈴木忠志　『どん底における民俗学的分析』だよ。（あれは）別役が最初に書いて、何人かで手を入れて、俺が最後に変えた。

「劇的なるものをめぐって」は「どん底――」の次に上演されて、鈴木忠志の代表作になり、その後の鈴木忠志の展開を決定づけた作品である。

しかし「どん底――」を見た時、私はその後の展開を予想することは出来なかったし、その作品の重要性も理解できなかった。舞台は狂躁に次ぐ狂躁で、それこそ別役実がいうように「混沌たる」ものであった。ただその混沌のなかで、むしろひっそりと佇むような白石加代子の姿が印象に残った。むろんこの狂躁はそれなりに面白かったのだが、それ以上には理解できなかった。

その理由は、この時点で私はまだ一人の新劇青年だったからである。それには時代状況とそのなかで生きていた私自身の客席からの体験にふれなければならない。

すでにふれたように私は、十年前の一九五八年のモスクワ芸術座の来日公演、六〇年の「ゴドー」の上演、六七年の自由劇場の開場を体験していたが、それでもまだ「新劇」に感動することが多かった。アーサー・ミラーの「セールスマンの死」やテネシー・ウィリアムズの「欲望という名の電車」や木下順二の「オットーと呼ばれる日本人」や島崎藤村の「夜明け前」やサルトルの「汚れた手」に感動していた。ある意味で保守的な「新劇派」であって、小劇場出現の意味もその旗手たちの「反新劇」の理念も十分に理解しているとはいえなかった。

しかしこういう転換点をもっと鋭敏に生きた人もいる。その一人が鈴木忠志であった。

鈴木忠志は、一九三九年静岡県に生まれた。東京に出て早稲田大学に学び、チェーホフが好きだったために学生劇団としてその頃有名だった左翼系の「自由舞台」に入った。そこで別役実と出会って親友になった。別役は学生運動にも参加したが、鈴木忠志は芝居がしたいがために劇団に入ったのであって、学生運動にはあまり興味がなかったらしい。

「自由舞台」で一九五九年チェーホフの「記念祭」を演出したのがはじめての作品である。

その後、鈴木忠志はアーサー・ミラーの「セールスマンの死」、サルトルの「蠅」、チェーホフの「三人姉妹」、テネシー・ウィリアムズの「欲望という名の電車」、そして別役実の代表作になる「AとBと一人の女」、「象」、「門」などの初演を演出した。この演目を見れば二つの傾向がある。一つは新劇の代表的な演目、もう一つは別役実の新作。「セールスマンの死」は滝沢修の当たり芸として劇団民藝の演目であり、「蠅」は浅利慶太の劇団四季の、「三人姉妹」や「欲望という名の電車」は文学座の、杉村春子のレパートリィである。いわば新劇の劇団と何ら変わりがない演目が上演されている。つまり鈴木忠志はまず「近代」から出発したのである。

しかしそこに変化が生じるのは、別役実との提携によってであった。別役実は、はじめは「貸間あり」のようなコメディを書いていたが、そのうちにベケットの「ゴドー」のような不条理演劇の影響を受けて、独自の作風を確立した。その作風は明らかに物語によるドラマの枠を超えるものであった。鈴木忠志はこの別役実と提携した。二人の提携は幸せそのものであった。

鈴木忠志は別役実の新作を待ち続け、別役実の初期の代表作は全て鈴木忠志の演出によるものであった。別役実は鈴木忠志によって成長し、鈴木忠志は別役実によって育った。鈴木忠志後年の、抽象的な舞台造形は、「セールスマンの死」をはじめとする新劇のレパートリィではなく、別役実の作風に影響されたところが大きい。すなわちこの時期に具象から抽象への転換が起こった。それは彼自身の内面の苦悩に関わっている。その苦悩はたとえば一九六六年、「自由劇場」のパンフレットに書いた次のような文章を読めば明らかである。

ある集団なり社会は、一定の言語を中心とした生活原理を持っているが、これはその集団なり社会に不適応な衝動や感覚やらを、敵視し追放しながら自らを形成してきたのであろう。秩序を保つとは、いつだってそういうことであるように思う。そして既にあるそういう秩序に後から放り出された個人にとっては、あらゆる経験や思考はその生活原理が持つ様式に従って体験されるということは自明のことなのだ。そういう既にあるものを拒絶することは生きる以上できないことであるかもしれないけれど、それを利用しつつひそかにくつがえすことはできるかもしれない。自分なりの形や言葉にならない感じ方とは正当な感じ方ではない。とするならば、僕はやはりいつだって己れ特有の形や言葉を持ちたいと願う。恐らくこれは、とてつもない錯覚であるかも知れないけれど、僕にとっては、この秩序の中で伝達可能なものだけを大切にした結果、無限に規格化し類型化した思考や感じ方から洩れてくるものだけが、逆に人間的な可能性に充ちている源のように思われたのである。そういうひそやかに洩れてくる暗く哀しい感情に、正確な言葉や形を与えることができたなら、それこそが、生きるということが不断に裏切られることである、という事実にいささかなりの復讐を僕流に与えることができるということだろうと思ったのだった。

(「ある記憶について」——而立書房刊『鈴木忠志演劇論集　内角の和』所収)

ここには当時の鈴木忠志の赤裸々な声があると思う。ここでいう「既にある秩序」は新劇のつくった近代的な体制である。そこに「後から放り出された個人」とは、その体制のなかに自分の言葉を発見できない人間、つまり鈴木忠志自身であろう。鈴木忠志自身の要約によれば、その時代の日本は「言葉を発すればシラジラと虚しく、行動すればみじめに滑稽であるこの世の中」であり、「可能性などというものがどんなに裏切られ、飼い馴らされ、屈辱に満ち満ちていたかを」思い知らされる時代であった。おそらく六〇年安保の騒動の渦中にいて、しかもその虚しさを嚙みしめている人間がそこにいる。それは「より愛するものがもっとも悩み、やさしい心が深く傷つき、信ずるということが一番みじめな勇気を必要とする、そういう出口のない辛い場所」であった。そういう場所にいたからこそ「規格化し類型化した思考や感じ方から洩れてくるもの」を感じている自分を強く意識したに違いない。

私が、あの空々しく感じ始めたものとは、すなわちこの既成の体制からのズレであり、それは現実の政治運動への疑問であり、その疑問はたちまち近代そのものへの疑問につながり、さらに芸術上の行動につながった。その疑問に鋭く反応した鈴木忠志は、「己れ特有の形や言葉を持ちたいと願」ったのである。それは「セールスマンの死」でも「三人姉妹」でも「蠅」でも「欲望という名の電車」でもなかった。という体験をして、さらに別役実の「AとBと一人の女」でも「象」「門」でもなかったし、唐十郎の「少女仮面」でもなかった。そもそも完成したテキストではなかったのである。彼のなかにある「己れ特有の形や言葉を持ちたい」という強い願望はテキストを舞台に具体化するという制度そのものを超えていたのである。

しかしそれでもなんらかの言葉がいる。そこで「どん底――」の別役実との共同作業が、そしてこれが最初で最後になる実験的な作業が稽古場で始まった。その方法論の結論がどういうものになるかは意識されなかっただろうが、おそらく別役実は十分見通していたに違いない。

しかしここで注意すべきは、劇作家としての別役実と演出家としての鈴木忠志の役割分担である。そもそもこのような役割分担は近代劇の確立した制度であった。一九六〇年代の寺山修司、唐十郎、佐藤信は、自分の書いた戯曲をみずから演出するというケースが多いが、それでもその戯曲が他の演出家の手に委ねられることも少なくなかった。現に寺山修司の「血は立ったまま眠っている」の初演は浅利慶太の演出であった。蜷川幸雄の「真情あふるる軽薄さ」も劇作家清水邦夫との提携によるものであった。
「どん底――」までの鈴木忠志は、レパートリィばかりでなく、その役割分担においても近代の制度に生きていたのである。

一九六一年、別役実と鈴木忠志が早稲田大学在学中に学生劇団「自由舞台」を結成した。「自由舞台」はあたらしく「劇団自由舞台」になり、さらに一九六六年、劇団「早稲田小劇場」が結成された。そしてあのモンシェリの二階にその本拠を構えた。そしてここで別役実の「マッチ売りの少女」が初演され、別役実はこの作品で岸田國士戯曲賞を受賞した。

「主役主役道者」が上演されるのは、受賞の二カ月後。これが「鈴木忠志構成演出」の最初の作品であった。その半年後、あの「どん底――」が上演される。「どん底――」は前掲の別役実との対話で明らかなように、ゴーリキーの原作を最初に別役実が書き換え、「何人かで手を入れて、俺（鈴木忠志）が最後に変えた」。クレジットは「台詞＝別役実、関口瑛、演出＝鈴木忠志」であった。

ここでは劇作家の書いた戯曲を演出家が演出するという、近代の制度は崩れている。集団制作といってもいいが、それとは少し意味が違って、現場で自然発生的に演出家が戯曲をそのままではなく再構成するという体制が生まれた。ここでは劇作家の視点よりも、圧倒的に演出家の視点が優先するのである。ここにはまだ別役実の名前が残っているし、当時鈴木忠志の脇にいた関口瑛の名前が入ってはいるが、それは「作」ではなく、「台詞」に過ぎない。つまり「台詞」とは戯曲の全体ではなく、断片である。そして別役実の名前が残る作品はこれが最後になった。

このような分担の体制になって、「俺が最後に変えた」鈴木忠志が、演出家であると同時に最終構成者として、劇作家に代わってスタッフの頂点に立つことになった。こういう体制が自然発生的に現場で生まれたことは、鈴木忠志の次のような告白によって明らかである。

それまでは、そういう場がなくて、それぞれが生活していて別役の言葉＝世界によって場をつくった。逆に考えれば、やっぱりそこは新劇だったんだ。場のリアリティー、関係のリアリティーというものがワーッと押し寄せてきて、俺がその中心にいるようになっちゃった。（略）こうなると、（略）もう統一しないから、好きなものをやろうと、劇団の中で好きなものどうし、お互いに説得し合って仲間とつくれとか。別役のときは別として。それでいろんな戯曲＝言葉をやれということになったわけ。そうすると、菊池寛をやるやつが出てきたり、テネシー・ウイリアムズをやるやつが出てくるわけですよ。（略）そうしていくと、台本レベルで統一がとれないんだよ。（略）それらを統一して外部用に一本つくろうというのが、「劇的なるものをめぐってⅠ」の発想なんだ。（中略）

俺がやったことは、集団がやったことをどうやってつなぐかということでしょ。これは戯曲＝言葉をつないだんじゃなくて肉体をつないだことなんですよ。驚いたのは、それをみんなコラージュだとか断片をつないでいると言うけど、そうじゃない。これだけいろんなボキャブラリーが入って不思議でないのは、集団の肉体的感覚でつながっているからなんだ。ただそれを構成した人間がいるということ。とにかく出てきたものを俺の視点で整理したわけ。（略）集団をひと目みて、このままじゃどうしようもないけど、この集団の産物をどういうくくり方にするか、それが演出ということでね。これはひとつの思想的な行為だと思うのね。（略）コラージュという発想はないのよ。それは結果なの。肉体の文脈なり、集団の多義性が出た。組織としては一枚岩だけど、感覚としては一枚岩じゃない。これのバランスがうまくいったのよ。

（「インタビューによる鈴木忠志独演 30600秒」——新評社刊『別冊新評「鈴木忠志の世界」』所収）

「どん底——」には、すでにこの「方法の原型」を見て取ることが出来る。「どん底——」を見た時点では、私はそのことの重要性に気が付かなかったが、すでにこの時点で鈴木忠志は重大な発見をしたのである。

その発見は、劇作家を頂点とする近代演劇のヒエラルキーにおいて近代が否定した、人間の深層の言葉にならない鉱脈を掘り当てたということである。ミッシェル・フーコーが指摘した通り、近代はその社会の暗部を「狂気」として否定した。しかし「狂気」というのは一方的に近代的な社会の規範から見た暗部であって、それこそが人間の根底にあるものなのである。

鈴木忠志の告白によれば、俳優自身がグループをつくって稽古を始めた。稽古場は一種の「躁状態」だったという。そこから「どん底——」の、あの狂躁的な舞台が生まれた。ゴーリキーの「どん底」の木賃宿は精神病院になり、登場人物は全て狂気に駆られた患者になった。精神病院とその患者という設定は、あきらかに近代社会体制の差別による。鈴木忠志は、近代が抑圧した人間の深層の暗部を近代社会の視点から差別されたものとし、この抑圧されたもの、近代の否定したものを拡大表現することによって、近代の制度を批判したのである。「精神病院」も「狂気」も近代社会の生みだしたものであって人間本来の姿の一部であり、人間は正常な人間といえどもこの暗闇をその内部に抱えている。人間をその全的な姿としてとらえれば、それは「狂気」として差別されるべきではない。「狂気」でもなんでもない。とすれば「精神病院」という制度も無意味だろう。そのような人間像を回復するためには芝居ほど便利な方法はない。この方法こそ人間の深層に隠されているものを、その本質として拡大するからである。そこに演劇の原点があるのではないか。この集合的無意識の表現によって鈴木忠志は、近代を否定して現代に転換する地点に立った。近代をこえて「現代」を作った。奪還したといってもいい。

この事実を当時の私が十分に理解できなかったのは、私自身がまだ近代の体制の側にいたからに他ならない。私がそれを理解するようになるのは、次の鈴木忠志の「劇的なるものをめぐって」、ことにその「Ⅱ」によってであった。

モンシェリの二階の芝居が終わった後のことも付け加えておきたい。終演になると招待客は、一階の喫茶店に案内された。昼間の喫茶店はたちまちパーティ会場になり、多くの作家、学者、批評家、詩人、美術家、建築家が顔を揃えていた。それは鈴木忠志の人脈もあっただろうが、それよりも彼の仕事が一演劇の分野に止まらず、人間の存在論や文化論という多方面に関心を呼ぶ基本的かつ本質的な問題を含んでいたからである。文化人類学者山口昌男と哲学者中村雄二郎、あるいは身体論の市川浩と坂部恵といった交錯がその事実を示している。ここでついに見ることがなかったのは「新劇」の関係者、批評家であったが、それは当然といえば当然であって、鈴木忠志は単に「反新劇」であったのではなく、新しい文化を展望する分野を開いたのである。

2

「劇的なるものをめぐって」

「劇的なるものをめぐってII」白石加代子
1970年 5月初演(早稲田小劇場)／撮影：吉沢太刀雄

「劇的なるものをめぐって」全三作（ことにその「Ⅱ」）は、鈴木忠志の傑作であると同時に、演劇史上の大きな革命であった。

その革命的な意味は四つあると私は思う。

第一に、それまでの演劇が必ず持っていた自己完結的な一貫した世界を否定したこと。すなわち戯曲の解体、物語の否定である。

第二に、そこに描かれた人間が心理的なものを排除して、その深層の集合的無意識の表現に到達したこと。すなわちそこに描かれた人間像は一個人の内面と外面が密接に繋がっているものではなくなった。人間の解体である。

第三に、戯曲の書かれた言葉が舞台空間に、言葉そのものとして生命を得て自立したこと。

第四に、そういう方法論によってつくられた人間像が官能的であったこと。

以上の四点はこれから詳しくふれる。しかしその前に「劇的なるものをめぐって」の六つのバージョンについてふれなければならない。

「劇的なるものをめぐって」は次のように上演された。

一九六九年四月　「劇的なるものをめぐってⅠ――ミーコの演劇教室」

一九七〇年五月　「劇的なるものをめぐってⅡ――白石加代子ショウ」

同年十一月　「劇的なるものをめぐってⅢ——顔見世最終版」
一九七一年十一月　「其の一・染替再顔見世《そめかえてごにちのかおみせ》」
一九七二年九月　「其の二　《哀劇》ドン・ハムレット」
一九七三年二月　「其の三　劇的なるものをめぐってⅡ——改訂版　白石加代子抄」
（松本淑子、斉藤郁子構成「世界演劇史年表一九六〇—一九七六」
——工作舎刊『劇的なるものをめぐって』所収）

「劇的なるものをめぐってⅠ」のサブタイトル「ミーコの演劇教室」の「ミーコ」は、その時の主演女優高橋美智子のことである。彼女は、白石加代子とは対照的な少女で、彼女が演劇教室に通って次々に芝居の名作を学習していくという構成だった。

「劇的なるものをめぐってⅡ」は「白石加代子ショウ」というサブタイトルで、女優白石加代子をクローズアップした構成であった。

この「Ⅱ」のダイジェスト版をもって、鈴木忠志と早稲田小劇場ははじめてフランスに行き、世界的な名声を獲得した。

帰国後、この版を中心に「劇的なるものをめぐってⅢ」が作られ「顔見世最終版」になった。それがさらに改訂されて「其の一」「其の二」「其の三」になる。

これを要約すると「劇的」はⅠ、Ⅱ、Ⅲでその内容は違うが、一応完結している。さらにそのバリエーションとして「其の」シリーズが始まった。

そこで「劇的」シリーズのⅠは、小野碩という ユニークな俳優の坂田藤十郎、高橋美智子のお梶で、菊池寛の「藤十郎の恋」、エドモン・ロスタンの「シラノ」があって、たしか「忠臣蔵三段目」の刃傷の場があったように思う。「ミーコ」が通う演劇教室のレッスンという設定であった。この時点では、まだ鈴木忠志の方法論は完成していなかった。

その方法論が完成するのは、次の「劇的Ⅱ」であって、ここではもはや演劇教室という設定は取り払われて、舞台で演じられる「ショウ」という設定になる。そこで白石加代子の強烈な個性の展開とともに、このシリーズのなかの突出した作品になったのである。鈴木忠志の方法論がもっとも凝縮した形になった。

ついでに付け加えれば、「劇的Ⅲ」は、内容は入れ替えられたが方法論的には「Ⅱ」のバリエーションであった。岡潔のエッセイ「日本のこころ」、鶴屋南北の「阿国御前化粧鏡《おくにごぜんけしょうのすがたみ》」、「忠臣蔵七段目」とか印象的なものはあったが、方法論そのものが変わったわけではなかった。その点でも「Ⅲ」は「Ⅱ」の変奏曲であった。したがって「Ⅱ」こそが鈴木忠志がその方法論を最初に確立した典型と考えることが出来る。

それでは鈴木忠志の方法論とはなにか。そこで冒頭の四点に返る。

まず第一点。物語、戯曲の解体。

「劇的Ⅱ」はいくつかの戯曲の断片が巧妙に組み合わせられている。サミュル・ベケットの戯曲「ゴドーを待ちながら」、鶴屋南北の歌舞伎戯曲「桜姫東文章《さくらひめあずまぶんしょう》」岩淵庵室の場、同じ南北の「隅田川《すみだがわ》花御所染《はなのごしょぞめ》」妙亀庵《みょうきあん》の場の前半、泉鏡花の戯曲「婦系図」と小説「化銀杏」である。さらに南北の「隅田川花御所染」の妙亀庵の場の後半で終わる。

一見脈絡のない断片が集まっているように見えるが、実はそうではない。実に細緻な工夫がほどこされている。

まず幕開きは、障子が天井や舞台の奥に釣り上げられた裏長屋風の舞台で、「ゴドー」の冒頭のエストラゴンとウラジミールが見える。ウラジミールは背中に赤ん坊を背負って洗濯をしている。二人がしゃべっているうちに、舞台奥から「アイヤ、それへ行て逢いましょう」といって白石加代子の清水清玄《きよみずせいげん》が出てくる。南北の「桜姫東文章」の岩淵庵室の場である。清水寺の高僧清水清玄は、入間家の息女桜姫に恋をし、僧籍を追われてこの岩淵にある庵室に住んでいる。そこへ桜姫が偶然やって来て清玄のくどきになる場面である。この場の清玄は、この長屋に住む芝居に取り憑かれた女が演じているという風であり、ウラジミールが相手の桜姫になり、エストラゴンが二人の写真を撮ったりする。桜姫を追い回す清玄が六方を踏んで花道を入ると、ふたたびエストラゴンとウラジミールの芝居になる。ゴドーを待っているヒマつぶしになったとつぶやく。ところがそのウラジミールがつい桜姫のせりふを繰り返すと、再び白石加代子があらわれる。今度は清玄ではなく、「隅田川花御所染」の妙亀庵の場の清玄尼、つまり女である。

「隅田川」は、南北自身の書いた「桜姫」の書換え狂言である。五代目岩井半四郎という美貌の名女形の桜姫が評判になったので、今度はその半四郎のために本来立役の役である清玄を女にして「隅田川」を書いた。そこでこの芝居は通称「女清玄」という。したがって清水清玄はここでは清玄尼であり、妙亀庵の場は、「桜姫」の岩淵庵室における清玄殺しに対応して清玄尼殺しになっている。

白石加代子が清玄尼になってあらわれたところへ、偶然清玄尼の妹桜姫と侍女の綱女《つなめ》が逃げてくる。そこで清玄尼は自分の恋人であった松若を奪った妹桜姫に恨みをいう。そこでたえきれなくなった綱女が天井からつり下がっていた鎖で清玄尼を拘束して桜姫とともに妙亀庵を逃げて出る。

気を失っていた白石加代子は、二人が去ると今度は「婦系図」の湯島の境内のお蔦のせりふを口ずさむ。芝居好きの狂女が座敷牢に閉じ込められてせりふをいっているうちに、お蔦が乗り移るという工夫がつけられている。お蔦の恋人早瀬主税は登場しないが、学校帰りの子供が登場して母とも見える狂女を介抱する。子供が早瀬主税の代わりになる。

狂女は、子供が持って来たたくあんをかじったり、排泄の後始末はこの子供がする。そこへ、「化銀杏」の女主人公お貞の夫西岡時彦が瀕死の病床からはいだしてくる。

子供はお貞の恋人芳之助にも見え、しかも西岡との間の子供にも見える。西岡はすでに死期を悟っていてお貞に自分を殺せと迫る。「亭主殺し」の悪名をつけて、自分の死後も自分を裏切ったお貞に復讐しようという屈折した感情である。そこでお蔦の恋の恨みが、西岡の男の恨みに転換する。この裏表の関係が人間の深層にあるものを一つの完成図にする。

お貞がいよいよ西岡を殺すところへ、「隅田川」で清玄尼を殺す猿島惣太があらわれる。

南北の妙亀庵は一場であるが、ここでは前後に分かれていて、前半の清玄尼と桜姫、綱女の件のあと「婦系図」と「化銀杏」が入って、妙亀庵の清玄尼殺しになる。つまり二つの点でこの各場は密接につながっているのである。

一つは、「桜姫」の清玄から始まった恋の執着の感情が、清玄尼のそれに移り、さらに「婦系図」のお蔦から「化銀杏」の西岡を経て、今度は「隅田川」の清玄尼に移っていくという道筋が巧みに示されていること。つまりこの道筋は、さまざまな設定を生きながら、人間の恋の執着の恨みを一つの形として描いている。

もう一つは、「桜姫」の岩淵庵室の清玄殺しと「隅田川」の妙亀庵の清玄尼殺しが対照形をなし、お蔦の主税との別れと西岡のお貞との別れがやはり対照をなしている。しかもこの二つは男性と女性が入れ替わった相似形である。一見複雑に見える変化が、多様に展開しながら実に巧妙に一本の線が舞台を運んでいることが見える。それを繋ぐのが一本の出刃包丁(殺人の道具)と、歌謡曲「むらさき小唄」と「ラバウル小唄」である。包丁と歌謡曲が暗示するのは、うらさびしい長屋のなかに住む(あるいは監禁されている)芝居好きの、精神に異常を来した女性である。

こうして見ると、鈴木忠志の構成がいかに緻密で美的な計算によって成立しているかがわかるだろう。

しかしこれがわかるためには、「ゴドー」、「桜姫」、「隅田川」、「婦系図」、「化銀杏」の物語を知っていなければならない。現に私は「ゴドー」、「桜姫」、「隅田川」、「婦系図」は知っていたが「化銀杏」という小説を読んだことがなかった。お貞という女が亭主を殺すということだけは知っていたが、それ以上は知らなかった。そうすると今私がふれたような鈴木忠志の構成の分析は不可能なのである。しかしそのことこそが鈴木忠志がこの作品で意図したことに他ならない。知らなくていいのである。

細密な構成はいわばこの舞台の隠された設計図であって、その設計図の上に建てられた建築こそが鈴木忠志の目指したもう一つの物語だからである。

それまでの演劇は全て「物語」をもっていた。戯曲は一つの完成し、一貫し、自己完結した「物語」をもっている。その「物語」を作っているのが「戯曲」であった。

鈴木忠志の目指したのは、この「物語」――「戯曲」の解体であった。それでは解体してどうするのか。もう一つの物語をつくる。その物語は俳優の身体によって繋がれ、身体の深層に及んで文化の集合的無意識を描き出す物語である。

こうしていま舞台にあるのは、俳優の身体とそのおかれている状況を指し示す断片的な言葉だけになる。それによって舞台が成り立つ。戯曲の完結した物語の世界の示す意味や主題は必要ではない。空間に生きる俳優の身体こそが戯曲から自立した新しい物語をつくる。だから観客は「物語」や「戯曲」の全体を知る必要がない。清玄がなぜ桜姫に迫るのか、清玄尼がなぜ桜姫を殺そうとするのかは問題ではない。桜姫という女に執着する男の情熱、あるいは桜姫に嫉妬する女の、破滅的な人間の感情そのものを感じてくれればそれでいい。私は鈴木忠志の台本の目指した意図を分析したが、そういう分析よりもそこに生きている人間の情熱の激しさが問題なのである。主人公は清玄でも清玄尼でも、それを演じる白石加代子という女優でもなく、そこにあらわれた情熱に燃える人間の身体そのものなのである。

お貞がなぜ夫西岡時彦を殺すに至ったかも、問題ではなかった。お貞が自分を殺すように仕向けていく、西岡の偏執的な、奇妙な、到底言葉では表現できない変態的な情熱だけが問題なのである。

鈴木忠志自身がこう語っている。

「ゴドーを待ちながら」を反近代劇の頂点にあるとするのはまちがいである。ましてや「ゴドーを待ちながら」を上演することで近代劇を超える舞台を創りうるとするのは、とてつもない錯覚である。近代劇をのりこえ、現代劇を確立するためには、どんなに新しい戯曲にとりくんでもむだである。問題なのは、近代劇がかたちづくってきた演劇という概念の構造的変容である。それには作家の現実認識や戯曲の文体や構造を問題とするのではなく、それらを含んだ舞台そのものの構造的変容をはかること。

舞台とは、俳優の演技が中心的に背負う世界である。（工作舎刊『劇的なるものをめぐって』所収）

戯曲の解体、それによる物語の否定は、この近代劇から現代劇への転換を意味した。そこに「劇的」シリーズの歴史的な大きな意味があった。

この転換を成立させるには、戯曲の解体の他にもう一つ鈴木忠志の重要な工夫があった。すなわちそれが冒頭に私が挙げた四点のうちの第二点――俳優に与えた条件によって、俳優の深層にある集合的無意識を引出す仕掛けである。

たとえば鈴木忠志は、「ゴドー」のウラジミールにカメラを持たせ、エストラゴンに赤ん坊の人形を背負わせ盥《たらい》で洗濯をさせた。あるいはお蔦のせりふを与えると同時に鎖でその手足を縛り、同時にたくあんを丸齧りさせたり、挙句の果てには排泄までさせた。つまり言葉とは全く違う状況を俳優に与えたのである。それればかりではない。ウラジミールを演じていた蔦森皓祐は、ウラジミールと同時に桜姫を演じ、清水清玄という男性を演じていた白石加代子は、次にはお蔦、その次には西岡時彦、そして最後には清玄尼という女性を演じなければならなかった。せりふとは極端に違う設定が与えられたばかりでなく、男女の性別さえ超えて演技するように要求されたのである。

しかもウラジミールが洗濯する盥は底が抜けていて、エストラゴンが飾る花は安っぽい造花である。ここではいわゆる異化が徹底的に行われている。しかもその一方では、お蔦のせりふをしゃべっていた女にお蔦が乗り移っていく契機は、そのせりふの間に細かく指定されている。つまり舞台に描かれた現実は、それが虚構であることを暴かれた上に、しかしその虚構のなかにあらわれる真実が細密に設定されているのである。

こうして白石加代子という一人の女優は、裏長屋に閉じ込められた精神異常の女の日常的な現実から非日常的な世界へ下降して行き、さらにその言葉を通してお蔦という女の幻想を作り上げている日本の文化の深層にある集合的無意識に到達する。そこにはもはやお蔦という特定の物語のなかに生きる個人も、裏長屋の芝居に取り憑かれた狂気の女という個人も、あるいはまた白石加代子という女優その人もいなくて、ただ言葉に導かれた情念だけが浮かび上がる。だからこそその醜悪で、グロテスクな情念は美しく輝くのである。私はそれを見ながら人間の深層はかくも醜悪でグロテスクなものかと思いながら、そこから噴き出してくるものに陶酔したのである。

そこで第三点。この言葉――せりふの問題が出てくる。私が桜姫やお蔦や清玄尼やお貞を美しいと感じた要因は、その言葉にあるからである。

むろん俳優にとってかほどに過酷な設定を与えられれば、頼るものは断片的であろうと言葉しかない。それも頭で暗記したせりふではなく、身体に動きとともに叩き込まれた言葉。すなわちここで起きているのは、言葉の身体化であり、生きた言葉である。そういう言葉だからこそ、一つの造形になって光り輝いて空間に広がる。

驚くべきことにその言葉によって私ははじめて南北や鏡花の書いた言葉が眼前に蘇るのを見た。信じがたいことだろうが、鶴屋南北の言葉はこれまでの歌舞伎役者にはしゃべれなかった。「東海道四谷怪談《とうかいどうよつやかいだん》」のように上演回数が多い作品はその分洗練され、役者がしゃべりやすいように改変されている。しかし「桜姫」や「隅田川」は上演回数も少なく、わずかに上演された戦前の公演でも南北のせりふをしゃべるのに失敗している。戦後歌右衛門や雀右衛門が桜姫や清玄尼を演じたが、南北の言葉の持つ生きた情感は感じられなかった(玉三郎がこの情感に生きることに成功するのはこの「劇的」上演の後である)。

「婦系図」の場合は歌舞伎とは少し事情が違っている。新派の名女形喜多村緑郎は、お蔦のせりふを言い回して傑作であったが、喜多村の演じたのは鏡花自身の書いた言葉ではなく、全て鏡花原作の小説を別人が戯曲化したものであった。たしかに後に「湯島の境内」だけは鏡花が手を入れたが、それも新派の台本を前提にした改訂に過ぎなかった。したがって鏡花そのものの言葉を喜多村がしゃべっていたわけではない。南北や鏡花の書いた言葉が、原作のまま舞台に生きて再生されたわけではなかった。そのせりふがここでは生き返った。それは人間の深層に至った俳優の集中力がふたたび上昇して舞台空間に噴出した結果に他ならなかった。私は早稲田小劇場の客席で、南北や鏡花の言葉の生きた情念の生命力の息吹きを見たのである。

その事実は、現代演劇、ことに近代劇的リアリズムに対する批判であると同時に歌舞伎や新派のせりふ術に対する批判でもあった。鈴木忠志は、近代劇の人間の内面は必ず外面に直接つながっているという近代的かつ自然主義リアリズム——つまり新劇の演技術を批判すると同時に現代の歌舞伎や新派の、空疎な様式に閉じこもっている演技術も批判したのである。その歴史的な意味は、一演劇の問題であると同時に近代の人間観、世界観に対する批判にもつながる大きな問題であった。

そこで第四点。こうして造形された人間像の持つ官能性について。

近代劇のつくる人間の統一された人格の内面が外面に直結しているのに比べて、鈴木忠志の目指した人間像は状況に応じて変化するポリフォニックな豊かな様式をもっていた。

それは独特の官能性であった。その象徴はここで使われている音楽である。テーマとしての「むらさき小唄」や「ラバウル小唄」、後には都はるみの「さらばでござんす」。これらは歌謡曲として大衆に口ずさまれたことから、その文化の深層に下降する手段でもあったが、同時に舞台全体にあふれて観客の官能を刺激した。むろん観客ばかりではない。俳優の側からすれば、これも第二点の状況設定の一つであって、言葉と与えられた状況との矛盾を克服するための、そして身体の官能を揺るがす設定の一つであった。たとえば鎖につながれたお蔦は、言葉とともにこの官能も生きなければならなかった。そういう設定の中で生きる身体が、近代劇的な統一された人格とは違う、より豊かで、より深く、より多面的な可能性を持ったことは疑いがない。

この多様性はたとえば小沢栄太郎の演出した俳優座の「東海道四谷怪談」とは同じ南北の戯曲の舞台でも大きく違っていた。それればかりではない。すでにふれた小劇場運動の先駆けをなした寺山修司や唐十郎、別役実、清水邦夫の作品にもない、鈴木忠志独特の感性であった。

この官能性に満ちた感性は、鈴木忠志が芝居とは一種の狂熱であり、非日常的なものだと見定めたところから生まれた。「劇的なるものをめぐってⅡ」で白石加代子の裏長屋に住む芝居好きの老婆が芝居のせりふを自然に口ずさみ、ついにその幻想の中で登場人物その人を生きてしまうのは、鈴木忠志がここにこそ芝居の本質的な魅力があり、この狂熱が実は芝居好きのみならずあらゆる人間のなかに潜在している本能であり、その狂熱を解放するためにこそ演劇というものが人間にとって必要不可欠な方法だという確信を持っていたからである。

たしかに一般社会の現実から見れば、それは狂気に見えるかもしれない。しかしそれは単純な狂気ではなく、より深く人間の根源に潜むものの表現に他ならないだろう。

その事実を突き止めた時、鈴木忠志は、あの多様な豊かな官能を表現しようとしたのであり、その官能性こそが、多くの演劇のなかから私を鈴木忠志の作品のトリコにしたものであった。

以上四点。戯曲の解体、言葉と相反する設定、言葉と身体の関係、そしてその官能性によって、「劇的なるものをめぐってⅡ」は今までの演劇になかった舞台を作り上げた。そこに近代から現代への大きな歴史的転換が含まれていたのである。

初演から三年後、「劇的なるものをめぐってⅡ」の改訂版が上演された。その改訂版にふれなければならないのは、この改訂によって、「夏芝居ホワイト・コメディ」と「染替再顔見世」を経た鈴木忠志の作品が美的な洗練の極に達したからであり、劇的な方法論の進化によってその官能性が普遍性を持ったからである。

その改訂はどういうものか。

幕が開くと、暗闇の中でカチッ、カチッという音が聞こえてくる。なんの音かと思うと、照明が薄く入って、朧に白石加代子がおかめの面(この面は初演にも使われている)をつけて出刃包丁を砥石で研いでいる姿が浮かび上がる。

そこへ斉藤郁子の桜姫と深尾誼の綱女が来て「桜姫」の岩淵庵室になる。改訂版では初演の「ゴドー」の件はカットである。

白石加代子は本来は清水清玄という男性のはずであるが、面をとった顔は、ひっつめにした下げ髪で「隅田川」の女性である清玄尼ともとれる。「桜姫」の岩淵庵室のようでもあり、「隅田川」の妙亀庵のようにも見える。桜姫と綱女の芝居の間、ピタリと正面に向いて遠く視線を泳がせている表情が余裕たっぷりで、豊かで、美しい。初演と比べると何でもないようなところがふくらんで、体のほんのわずかな動きによって、嫉妬や愛情をパッと表現されるようになって、それが豊かさを感じさせるのである。ちょっとおでこの白石加代子の顔がキッとしていて冷たく、それでいて燃えるような美しさであった。そのありさまはさながら歌舞伎の名優がたっぷり芝居をしているような感じであった。

その口からもれる南北のせりふの速射砲のような激しさは私を興奮させ、緊張させ、陶酔させる。

言葉がもっとも洗練された形で身体そのものになった。

初演はここで清玄が逃げて行く桜姫を追って六方風に引込んだ。しかし改訂版では、桜姫、綱女の二人が花道へ入ると、舞台中央に倒れていた白石加代子が「婦系図」になる。顔だけ上げて、いきなり「あァーた(あなた)」という。その声量、そのせりふ廻し、その顔がまさに明治の女そのものであった。

南北の「江戸」から鏡花の「明治」へとあざやかな対照を示して、この「歴史」が白石加代子という女優の「昭和」――すなわち現代を照射する。お蔦のせりふをしゃべりながら、鎖につながれて天井から釣られた障子の後ろへ廻るところでは、お蔦という女の精一杯に生きてきた体験と、いま、それを生きている白石加代子の体験が一致して、最も官能的であった。私が官能というのは、こういう瞬間の陶酔であって、そこではお蔦――白石という二人の女が密着して空間に広がる色気のためであった。

やがて白石加代子が主税のせりふを口ずさみ始めると、歌謡曲にのっていた言葉が少しずつただの言葉になり、グロテスクで醜悪な内面そのものに下降していく。そして「化銀杏」につながり、さらに「隅田川」妙亀庵の場へ変わっていく。

初演と「改訂版」との違いはあきらかだろう。

初演の「ゴドー」をはじめいろいろなつなぎや裏長屋の芝居好きの女という設定がカットされ、「桜姫」「婦系図」「化銀杏」「隅田川」という四つの作品が直接密接に組み合わさった。初演の「白石加代子ショウ」と改訂版の「白石加代子抄」の違いは、「ショウ」が見世物であるのに対して「抄」は詩的な抽象性である。

そしてそのことが、私がすでにふれた官能の内実を洗練させ、感覚の普遍性を獲得して独特の世界をつくった。

それはシーンからシーンへのつなぎが、「歴史」という一本の線によって一貫されることによって鮮明になったからである。「江戸」から「明治」へ、そして「昭和」の現代へ。この重層構造を一つのテコとして、そこに流れる感覚が白石加代子という一人の女優のまばゆいばかりの光輝を放つ身体の中心になった。本来人間の感覚は個別なものであり、なにに官能を感じるかは人それぞれであろう。したがって私が第四の特徴としてふれた官能性は、初演では、世界の中心としての普遍性として確立していなかったともいえる。しかしこの改訂版によってそれは重層的な歴史構造——各時代の官能の対比、相対化によって普遍的なものになった。

白石加代子という一個人の示した、人間のグロテスクでありながら、しかも美しいという官能は、あるいは人間の内に潜む劇的なものは、もっと普遍的な人間の感受性の原型——文化の深層にひそむ集合的無意識の美しい形として舞台に結晶した。私が白石加代子に陶酔したのはそれが彼女個人のものからそれを見る私たちの内面にも共鳴し、広がったからにほかならない。そこには男女はむろん個人を超えた広がりがあったのである。

初演もむろん革命的な作品であったが、改訂版はさらにその革命を芸術としての金字塔と変化させたのである。

3

「夏芝居ホワイト・コメディ」

「夏芝居ホワイト・コメディ」(左より)白石加代子，吉行和子
1970年 8月初演(アートシアター新宿文化)／撮影：吉沢太刀雄

「劇的なるものをめぐってⅡ」の初演から「改訂版」上演までの三年間には、鈴木忠志の作品として二つの重要な作品がある。

一つは、「劇的なるものをめぐってⅡ」の三カ月後の一九七〇年八月、アートシアター新宿文化で上演された「夏芝居ホワイト・コメディ」。もう一つは、翌年一九七一年十一月早稲田小劇場で上演された「染替再顔見世《そめかえてごにちのかおみせ》」である。

もっともこの二つの作品をここで取り上げる意味には多少の違いがある。「夏芝居」が重要だというのは、私が偶然そこで鈴木忠志がどのように作品を作っていくかを見た、いわば私的な体験のためであり、鈴木作品としての重要さからいえば「染替」の方がはるかに大きいだろう。

「夏芝居」は、稽古の間に四つの段階を経て初日を迎えた。

第一段階は、鶴屋南北の「杜若艶色紫《かきつばたいろもえどぞめ》」のほとんどそのままの形の上演であった。「杜若艶色紫」は南北の世話狂言。序幕が両国の見世物小屋、三河島にある新吉原万寿屋の寮、根岸道、もとの寮の座敷と塀外。大詰が土手のお六の家の二幕五場である。

新吉原の花魁万寿屋の八ツ橋には、恋人佐野次郎左衛門がいた。そこで八ツ橋をなんとか自分のものにしたい釣鐘弥左衛門という男に頼まれたのが、両国の見世物小屋に出ている蛇娘土手のお六と修行者願哲である。二人は八ツ橋の姉竹川という奥女中と、身請けの客の船橋次郎左衛門という触れ込みで、万寿屋の寮へ乗り込んでくる。

土手のお六は、八ツ橋に自分は幼い時に別れた姉だといい、佐野次郎左衛門こそ親の仇だという。姉の言葉を信じた八ツ橋は、心ならずも佐野次郎左衛門に愛想づかしをし、怒った次郎左衛門は八ツ橋ほか大勢を殺害してしまう。一方、事件後お六は、自分のついたウソが本当で自分が八ツ橋の本当の姉だったことを知るという悲劇である。

お六が新劇女優渡辺美佐子、願哲が能の観世栄夫、八ツ橋が吉行和子、次郎左衛門が小野碩という異色の顔触れであった。

第二段階は、稽古中に鈴木忠志が「加賀見山」の奥庭を挿入した。「加賀見山」は、女ばかりの大名の奥で、局の岩藤が中老尾上を辱め、そのために尾上は自殺。尾上の召使お初が岩藤を殺して主人の敵を討つという話である。白石加代子の岩藤、吉行和子のお初であった。たしかに稽古を見ていると、渡辺美佐子と吉行和子は新劇、観世栄夫は能の名手であるが、どちらも歌舞伎の南北のせりふ廻しには慣れていない。いきおい単調になる。そこで突然奥庭が入って来た。

そうするとどういうことが起こるか。

第三段階である。まず竹川と願哲の騙《かた》りのシーンがさながら劇中劇のようになった。もともと南北の原作には、お六が奥女中、願哲が立派な金持ちの侍客に変装して人々をだました後、根岸道で衣裳をぬいでもとの姿になるシーンがあるくらいだから、騙りの間が劇中劇になってもおかしくはない。しかしそうなると騙りが俄然突出してくるのである。

そして第四の段階。奥庭に変化が起こった。

白石加代子の岩藤が一生懸命刀を振り回しても宙を斬るばかり、幻影と戦っている。吉行和子のお初は現代娘になって、夢中で西瓜を食べていて、岩藤を見向きもせずにただせりふをしゃべっている。

以上四つの段階を経て、第一段階の「杜若艶色紫」は全く違う姿になって初日を迎えた。それを見ていて私は、なるほど鈴木忠志が稽古中に役者の身体と言葉の状況を変えながら芝居を作っていくというのは、こういうことなのかと思った。

その変化には二つの特徴がある。

一つは「加賀見山」を入れることによって「杜若」全体が相対化されたこと。「加賀見山」はもとは人形浄瑠璃の「鏡山旧錦絵」で、それを南北が歌舞伎として集大成してあの「隅田川花御所染」に書き入れたもので、これが現在の歌舞伎の上演台本のもとになっている。したがって「隅田川」の妙亀庵では、桜姫が誓紙を書こうとする瞬間に、清玄尼に岩藤の亡霊がとりついて誓紙を書かせないというシーンがある位である。すでに「劇的Ⅱ」でそのシーンが上演されている。

これを挿入することによって、江戸の市井を描いた世話物の「杜若」と、大名の奥御殿での仇討ちを描く時代物の「加賀見山」、いわば江戸の下層の市民と大名の奥御殿の上層階級が対比され相対化された。これが第二段階の効果である。単調であった「杜若」が一挙に息を吹き返したのは、この効果のためであった。

もう一つの特徴は、さらに土手のお六と願哲の騙りが劇中劇になり、奥庭の岩藤が幻想のなかに動くいわば亡霊になったことである。岩藤の振り回す刀は宙を斬ってお初の身体には届かない。これは岩藤が亡霊であることにもよるが、ある意味で岩藤が「加賀見山」という作品の中核をなしている権力と忠義という旧時代の倫理に取り憑かれているからである。その妄想こそが岩藤を亡霊にしているといってもいい。

それに対する吉行和子のお初が、この亡霊を歯牙にも掛けないのは、彼女が現代の視点に生きているからである。つまり江戸時代の階級意識と権力構造が現代から照射されているのだ。

以上二つの特徴を考えると、この構成の意味するものがなんであるかがわかるだろう。すなわち歴史に対する批評精神である。現代娘お初は江戸時代の封建制を批判していると同時に、その一方で現代とはなにかを我々に問いかけている。そこに生きている両面性こそが批評精神なのである。私はこの変化を見ていて、鈴木忠志の作品を――その方法論を支え、成立させているものは、この鋭い批評精神だと思った。ここに働いている批評は、単になにかを批評するといった体のものではない。いわば破壊と再生への強靭な意志である。この強靭さは時代を相対化するエネルギーであり、破壊から再生へと生きる精神の働きである。

鈴木忠志は、戯曲を解体し、俳優たちに断片的な言葉とそれとは全く違う状況を与えた。しかし同じことは彼自身が構成演出という仕事の上で自分自身に与えたものでもある。彼もまた構成者、演出家として俳優たちと同じ状況に生きていたのだ。

以上が私の私的体験であり、この体験が私に「夏芝居ホワイト・コメディ」を忘れがたいものにした。

そしてそれに続いて上演された「染替再顔見世」は、このような精神とそれによる方法論の円熟へのプロセスであった。

「染替再顔見世」は、鶴屋南北の代表作「東海道四谷《とうかいどうよつや》怪談《かいだん》」の浪宅——すなわち民谷伊右衛門の女房お岩が死ぬ場面、「謎帯一寸徳兵衛《なぞのおびちょっととくべえ》」の大島団七の女房お梶殺し、そして「阿国御前化粧鏡《おくにごぜんけしょうのすがたみ》」の元興寺、さらに岡潔のエッセイ「日本のこころ」、森進一の歌謡曲「女のためいき」によって成り立つ。

まず「四谷怪談」には二組の、お岩と彼女を介抱する按摩の宅悦が登場する。最初の一組は吉行和子のお岩、高橋辰夫の宅悦。お岩は、夫伊右衛門が隣家の伊藤喜兵衛の孫娘お梅と結婚しようとしていることを知って激しく嫉妬し、伊藤喜兵衛に盛られた毒薬で醜い顔になったにもかかわらず化粧をして伊藤家へ乗り込もうとする。いわゆる髪梳きの場である。嫉妬はむろん鏡と化粧がテーマになって、最後の「阿国御前」までつながっていく。「阿国御前」の題名が「化粧鏡」というのは決して偶然ではない。

最初の吉行、高橋組の時は、お岩が手に持った白い団扇が鏡に見立てられる。その時舞台の片隅から二人の姿を眺めている蔦森皓祐の宅悦の手に、キラッと光る本物の小さな手鏡が見える。蔦森のもう一組の宅悦が吉行、高橋組の二人の姿を映しているのである。

それをきっかけに白石加代子のお岩があらわれる。芝居が吉行、高橋組から白石、蔦森組へ移ると、いつしか吉行、高橋組は消えて行く。この構成は、団扇(虚構)から手鏡(真実)があらわれてくる構造を示して秀逸であった。

そして「謎帯」に移る。

「四谷怪談」「謎帯」「阿国御前」はそれぞれ独立した作品で一見全く関係がないように見えるが、この三作には実は深い関係がある。「謎帯」と「阿国御前」は、南北自身の書いた「四谷怪談」の先行作なのである。「謎帯」のお梶は偶然、夫大島団七の振り回した刃で、その美しい顔を傷つけられる。それから始まって大島団七の浪宅には、「四谷怪談」の道具建てが全て揃っている。だから「謎帯」が「四谷怪談」の先行作品であることは明白なのである。

「阿国御前」では、ろうたけた大名の後室阿国御前が、自分よりも若い狩野四郎次郎元信に恋をするが、四郎次郎には銀杏の前という恋人がいることを知って、嫉妬のあまり悶死する。彼女が男を待って化粧するところに「四谷怪談」のお岩の髪梳きの原型があることは、これまた諸人の指摘する通りである。

つまり、お岩、お梶、阿国御前の三人の女は、ともに美貌でありながら、夫や恋人に裏切られて嫉妬に狂う女の一連の系譜であり、「染替再顔見世」ではこの三人の女を通して激しい女の情念が浮かび上がるのである。

それに対照されているのが岡潔の「日本のこころ」である。

このエッセイは、岡潔が二十九歳の時にシンガポールの浜辺で、突然日本への懐かしさがこみ上げてきたという自身の体験談から始まる。春夏秋冬、日本の自然ほど美しいものはない、この美しさこそ神が日本人に与えたものであり、その神は伊勢神宮に祀られている天照皇大神であり、その子孫こそ天皇であるというのである。

この意見を批判することは簡単だろう。簡単でないのは、この意見のなかに含まれている日本人ならば誰でも抱くだろう、自然愛、郷土愛——つまり日本人の古き良き時代の日本に対する憧憬の感情である。たとえば日本の風土の春夏秋冬の美しさから故郷に対する懐かしさまで。問題は、その感情が宗教と結びつき、政治や社会体制とつながった時に起こる。その結果どうなったかは繰り返すまでもない。八月十五日の悲惨な敗戦。しかしだからといって風土や故郷を愛する感情を否定することは出来ない。

その事実を鈴木忠志は、土井通肇の演じる、マントを着て赤褌一つ、下駄をはいた男に演じさせた。この設定が、岡潔の持つ自然や故郷と政治体制を繋げる矛盾を一挙に噴出させたのである。

女三人(といってもこの時点では阿国御前はまだ登場していないが)の恋に生き、裏切られて嫉妬に狂う情念に対して、男性の自然を愛し、郷土を懐かしみ、国家を信仰し、ついにはその象徴である天皇を愛する心情が対照的に表現されている。この対照が批評精神によるものであることはいうまでもない。女性の嫉妬が男性の国家への忠誠心と同位に比較されているからである。しかしやがて女の嫉妬が破滅を迎えるのと同様に男の国家愛も破滅する。世界の崩壊。女にとって愛は世界のすべて、男にとっては国家が世界のすべて。しかしその世界が崩壊するのである。

舞台には死屍累々、装置は全て音を立てて崩れ落ちる。

人々の死に絶えた廃墟のなかから、白石加代子の阿国御前が白い帷子《かたびら》姿(死装束)であらわれる。ここから幕切れまでのおよそ五分間が実に圧巻だった。闇の中からあらわれたその姿は、私には人間の姿というよりも、この世ならざる者、さながら一匹の白い蜘蛛のようであった。その異形のものが口ずさむ阿国御前の、邪恋に燃えた言葉は、奇怪で、グロテスクで、醜悪で、それでいながら一種の透明感があって、見る者の心を蕩かすものであった。それはその情念が、この異形の者のなかにだけあるのではなく、私たちのなかにも存在する暗部を指し示すものだったからであり、一方もっとも純粋なものだったからである。この異形のもの――亡霊とは、情念だけが浮かび上がったものなのである。

そういえばもうわかって頂けるだろうが、阿国御前は実は亡霊なのである。

南北の原作によれば、この元興寺の場の阿国御前は、すでに前の幕で悶死した後に亡霊になってあらわれた存在である。すべては幻想。彼女は現実の身体で生きているのではなく、情念としてのみ生きている。だからこそ透明感があり、純粋である。それでいながら、その異形な姿は、私たちに「人間とは一体何か」ということを、激しく、鋭く、厳しく突き付けてくる力をもっていた。

三人の女のなかで、お岩もお梶も現実の生きた人間であった。お岩は後に亡霊になるがこの舞台ではまだ亡霊になっていない。いや、女ばかりでなく、あのマントの男も生きている人間であった。阿国御前一人が亡霊なのである。なぜ彼女だけが亡霊か。むろん情念をもっとも純粋なかたちで表現するためである。

その阿国御前の白石加代子が急に立ち上がる。蜘蛛のように地を這っていた異形のものがスックと立つ。そして突然森進一の「女のためいき」を歌い出す。私も笑ったが、客席全体が大爆笑である。むろん緊張から解放されたためでもあるが、私は笑った後にフッとあることに気づいて愕然とした。ほかでもない。「女のためいき」の言葉が「阿国御前」の言葉とほとんど同質だったからである。「女のためいき」は歌詞、「阿国御前」はせりふ。全く違う次元の言葉であるにもかかわらず同質だった。なぜそうなったのか。

南北の言葉も森進一の言葉も、言葉と身体とが同一になる瞬間があったからである。白石加代子は南北の言葉を生きるのと同様に、森進一の言葉をも生きた。ここでは言葉と身体が一つになるという驚くべき瞬間が実現したのである。私は、薄暗がりのなかに白石加代子の姿を見て言葉そのものが立っていると思った。この奇蹟的な合一が、陶酔と厳粛さを呼んでいた。その瞬間に限っていえば「劇的なるものをめぐってⅡ」の初演よりもこの方がすぐれているとさえ私は思った。

むろんこれは「夏芝居ホワイト・コメディ」の奥庭の白石加代子の岩藤と吉行和子のお初の延長線上にある。あの岩藤が江戸時代の倫理を背負った亡霊であり、お初がそれを批判する現代娘であるという構図は、ここでは白石加代子一人の身体に集約されていて、阿国御前が亡霊であることと森進一の「女のためいき」の女が対照されている。そこには岡潔も含めて批評の影が貫いている。ここでは歴史と同時に国家が批判されているのだ。

「夏芝居ホワイト・コメディ」と「染替再顔見世」。

この二本の作品を経て、「劇的なるものをめぐってⅡ」の改訂版が成立して、それによって鈴木忠志の方法論が完成した。

4

「トロイアの女」

「トロイアの女(新版)」齊藤真紀
2014年 8月初演(新利賀山房)/写真提供:SCOT

「トロイアの女(新版)」(左より)藤本康宏,
齊藤真紀, 2014年 8月初演(新利賀山房)/
写真提供:SCOT

「トロイアの女」は鈴木忠志の作品のなかでも最も長い歴史を持っている。

初演は一九七四年十二月。神田神保町の交差点の角にある、今は映画館になった岩波ホールであった。エウリピデス作、松平千秋訳、大岡信台本、鈴木忠志演出で、観世寿夫のアポロン、市原悦子のカッサンドラ、白石加代子のヘカベ、蔦森皓祐のメネラオスという異色の顔触れであった。

その後「トロイアの女」は、鈴木忠志の劇団の代表的な演目になり、新しく作られた富山県利賀村の本拠地はもとより、ヨーロッパ各地で上演された。なかでも印象深いのは、磯崎新が設計した利賀村の新利賀山房、同じく磯崎新の設計した古代ローマ劇場を模した野外劇場で上演された舞台である。

しかしヘカベを演じ続けて来た白石加代子が退団したために中絶していたが、二〇一三年、齊藤真紀のヘカベによって、実に二十五年ぶりで全く新しいバージョンとして上演された。以上を要約すると、岩波ホールの初演、利賀山房、そして野外劇場、さらに二十五年後の「新版」と四つのバージョンを数えることができる。初演から数えて四十年。その歴史は鈴木忠志の歴史であり、それを見続けて来た我々観客の歴史でもあった。

この四つの舞台には、その台本、演出、劇場、俳優についてそれぞれ大きな相違がある。

「トロイアの女」は、エウリピデスのトロイ戦争三部作の第三部にあたる。もっとも第一部と第二部は、原本が失われて今日存在していない。そもそもトロイ戦争の発端は、神々の内紛にあり、その結果トロイの王子パリスがギリシャの勇将アガメムノンの弟メネラオスの美しい妻ヘレネと駆け落ちしたことに始まる。この事態に怒ったメネラオスはギリシャ各国の連合軍をつくり、トロイを攻めた。戦争は十年の長きにわたり、有名な「トロイの木馬」の詭計によって、さしも難攻不落を誇ったトロイも一夜にして壊滅した。「トロイの木馬」とは、ギリシャ軍が巨大な木馬を作ってそこに兵を潜ませ、わざと敗走した。トロイ軍は木馬を戦利品として城内に引き入れ、戦勝を祝ったが、深夜木馬からあらわれたギリシャ兵が城内から不意を突いてトロイ軍を壊滅させた詭計をいう。

エウリピデスの「トロイアの女」は、すでにトロイが壊滅した後の城外を舞台にしている。トロイの男は皆殺しにされ、女たちだけがギリシャ軍の捕虜になって、ギリシャへ連行される船を待っている。王妃ヘカベをはじめ、その娘で神に仕えるカッサンドラ、戦死した息子ヘクトルの嫁アンドロマケたちが次々と船へ乗せられ、ついにトロイの城はギリシャ軍の放った火によって焼け落ちる。

エウリピデスの原作にはプロローグがあって、海神ポセイドンと女神アテネの対話が付いている。このシーンによって神々の世界の内紛、その力に翻弄される人々の運命が暗示されている。

初演の大岡信の台本では、このプロローグがカットされ、そのかわりに観世寿夫演じるアポロンが登場した。この人間世界を見下ろす存在はギリシャの神アポロンであると同時にキリストでもあり仏陀でもある。人間に対する超越者であり絶対者であり、要するに人間の信仰の対象の象徴でもあった。

もう一つ大岡本で大きく変わったのは幕切れである。エウリピデスの原作では、トロイの城が炎上して幕になるが、大岡本では一人残ったヘカベがホームレスの老婆になり、路上で煮炊きをするうちに欧陽菲菲の流行歌「恋の十字路」が聞こえて街娼があらわれ、持っていた花束を神像に投げつけて去って行く。すなわち原作では神々の世界と人間の世界が二重構造になっていたのに対して、大岡本では神々の世界は象徴として大きく後退し、代わってギリシャの悲劇的な現実と戦後日本のどの街角でも見られた現実の二重構造になる。トロイ敗戦の悲劇は、たちまち敗戦直後の日本の現実に重なっていく。トロイ滅亡の悲劇は他人ごとではなく、日本の私たち自身の体験になった。アポロンの神像(仏陀でも天皇でもいいが)が街娼の投げつけた花束によって崩れるのは、戦後日本が信ずるべき対象を失った状況と、その象徴の無力化を示している。

そこで舞台は完結する。それはそれで成功しているともいえるが、私にはこの完結こそが問題であった。なぜ問題か。すでにふれた通り鈴木忠志は「劇的なるものをめぐって」においてその方法論によって演劇の原点に迫り、近代演劇を現代演劇へと大きく転換させた。その方法論のポイントは第一に戯曲の解体であり、第二に言葉とは違う状況の設定であった。この二点によって、近代的な劇空間の物語により完結し統一された全体を否定した。

ところが「トロイアの女」では、トロイ戦争と戦後の日本という二重構造はあるものの、エウリピデスの戯曲は必ずしも解体されなかった。トロイ戦争にしても戦後の日本にしても自己完結し、文学的な一つの世界としての全体をつくっている。言葉と違う設定といってもたしかに白石加代子のヘカベが戦後日本のホームレスになってはいるが、それも「劇的なものをめぐって」のような演出ではない。

鈴木忠志の発明したあの方法論は、一体どこへ行ったのか。

鈴木忠志の方法論に衝撃を受け、その可能性を信じた私のような観客にとっては、これが一種の裏切りであり、岩波ホール、観世寿夫、市原悦子、白石加代子という異色の劇場、異色の配役との妥協という風に見えた。

いまから思えば——ということはその後の鈴木忠志の軌跡を見れば、これは鈴木の方法論が鈴木の内面に沈潜化していく契機だったのだろう。彼は決して自分の発見を捨てたわけではなく、その発見を一方に置きつつ現実に直面したのかも知れない。いずれにしてもこの「トロイアの女」によって鈴木忠志は一つの大きな転換点を迎えた。たとえそれが次なる発展へのステップだとしても。

たしかに岩波ホールという、いわば早稲田小劇場とは全く違った、多目的ホールの近代的な額縁舞台という条件、能の観世寿夫、新劇の市原悦子、そして自分の劇団の白石加代子と蔦森皓祐という全く違う表現のジャンルの顔触れという条件もあったろう。むろん「夏芝居ホワイト・コメディ」でも同様の条件はあった。劇場はアートシアター新宿文化という映画館であり、観世寿夫の実弟観世栄夫が、市原悦子と同じ新劇の渡辺美佐子、吉行和子がいた。しかし今度はさらにそのジャンルの方法論を深く身に付けた俳優たちを相手にしなければならない。「夏芝居」ではこっちの土俵に飛び込んできた人たちを相手にしていたのに対して、今度は鈴木忠志自身がある程度向こうの土俵に出向かなければならなかった。そこで自分の方法論を身に付けた白石加代子や蔦森皓祐が、どこまで対抗できるかという実験もあっただろう。

その新しさは市原悦子や観世寿夫と比べてみればよくわかる。

市原悦子は戦後の「新劇」を代表する三大劇団——民藝、文学座、俳優座のうち、俳優座の研究所でスタニスラフスキー・システムを基本とした俳優術を学んだ。いわば新劇の近代的なリアリズムの代表選手である。

それに対して観世寿夫は、能楽観世流の分家観世銕之丞の長男に生まれ、能の近代の天才であった。ここで近代という意味は、能をその原点にさかのぼって近代的な論理で読み解くという仕事である。しかしそれが近代的な意味を持ったとしても、伝統的な能の原点を生きたという点では、能の様式をもっとも強固に身につけた人であった。

すなわち市原悦子は「新劇」の、観世寿夫は「能」のそれぞれ方法論を身につけた人たちであり、それに対して白石加代子は鈴木忠志の演技術を身につけた女優であった。三人ともそれぞれその育ったジャンルの独自の俳優術に生きていたのである。

この三人を一つの舞台につなぐものは「物語」しかなかったのだ。

鈴木忠志のこれまでの方法は、物語としての意味の全体を排除するということだったと思う。白石加代子の身体は、たえざる断片と変換の中にさらされて、表層的な物語や意味や全体に隠された向こう側の世界——身体の深層を描いた。そこにある純粋な観念、あるいは身体の内実があらわれ、芝居でなければ見られない世界が現前した。

しかし今度の舞台では、物語の文学的首尾照応が求められ、市原悦子と観世寿夫とともに、白石加代子の芝居ですらも、物語に従うことを要求されている。しかし、たとえどれほどギリシャが敗戦ということを契機に日本におきかえられようと、あるいは、おきかえられてしまうために、その文学的首尾照応の全体が宙に浮くことになってしまったのはやむを得ない。

たとえば白石加代子、観世寿夫、市原悦子という三人においては、言葉と人間との関係がそれぞれ違った。

市原悦子の場合には、言葉は意味を伝える「道具」あるいは手段である。その意味とは日常的な現実であり、物語的なものであり、そこに依存しないかぎり言葉は生きない。したがってこの演技に接している人間は、市原悦子が発した言葉を一つの回路によってさかのぼり、意味に達してそこではじめて、ある連続、物語的なリアリティをつかむことになる。この場合、意味あるいは、物語的なリアリティとはある心理的なものになる。もしこの回路をそれてしまうと、何もわからなくなってしまい、ページの飛んだ本を読むような混乱に陥ってしまう。言葉は私をつかまえずに、どんどん逃げていく。しかし同時に道具や方法や手段としての言葉は、その道具や手段や方法を使う人間の実在を前提としている。ところがそれは、現実の日常的な人間と言葉の関係としては成立し得るのだが、劇的な空間の中では、そういうこと自体が論理的な矛盾を生む。すなわち劇的な空間の中で、彼女の扮している登場人物自体が虚構だからである。その虚構の意味を現実化するために、道具の使い手、あるいは話し手の存在が邪魔になる。そこで市原悦子は日本人である自分を消去してギリシャ人の王女カッサンドラになり切らねばならない。こういう人間と言葉との関係は、現実の世界では近代的な言葉の関係であり、劇の中では近代的な演技術の典型ということになるだろう。言葉はたえず人間の外側にある誰かのものなのである。

観世寿夫の場合にも、言葉は人間の外側にある。

観世寿夫の場合、言葉は意味の体系として存在しているのではなく、歌(詩)のための素材としてある。ここでは言葉は意味の体系ではなくて、形態の体系である。彼の場合には、何も物語的な世界に依存しているわけではなく、この体系自体が独立したものである。音吐朗々。意味の回路をさぐらなくとも聞いていればそれでよい。そこでは、言葉は「会話」ではなくて、「歌」なのであり、言葉の深層にある言葉の形のもつ音声的な世界のものである。しかしその場合にも、観世寿夫自身は意味から逃れることができない。そこで観世寿夫は、「歌」の世界に没入すると同時にその「歌」の「歌い手」になる。これが日本の古典演劇のいわゆる「芸」という演技術の独特な点である。「物語」の中の人間として「物語」を演じながら同時にその「物語」の「語り手」としても存在している。「歌い手」でも「語り手」でも言葉は常に自分の外側にある。それが観世寿夫にとって「言葉は人間の外側にある」ということの意味である。

しかし白石加代子の場合は、言葉は人間の内側にある。彼女のせりふが言葉の完全な姿として人々に理解され、人が意識して意味の回路や言葉の下層の世界の予感を追求しなくとも、人の耳がまず彼女の言葉をとらえてしまうのは、その言葉が、他の誰かのものではなくて、彼女自身のものだからである。なるほど、彼女のしゃべっている言葉は二千年近くも前に発せられて以来、何人かの人間の手を経て彼女に与えられたものであろう。現実的には、松平千秋なり、大岡信なり、鈴木忠志が与えたものだ。しかし彼女はその与えられたものから、意味の回路をあるいは歌としての音響の持つ意味を抜き取ってしまったのである。あるいはそういう風な思考そのものを否定して、ものとして、言葉を自分の内側にうえつけてしまった。彼女の言葉が彼女の内側に根を持ち、そこから発してくるように見えるのは、そのためである。これは言葉の共同性を逆手に取った思想かもしれない。とにかく、言葉はものとして、ある普遍的な段階で解体され再構成されている。したがって言葉は、彼女の身体を通して私たちの前にあらわれてくる。

おそらく私は今、「彼女がかつて南北の言葉を最も正確にしゃべることができたのはなぜか」、「泉鏡花の言葉を誰よりも自分のものにすることができたのはなぜか」という問いの答に近づいている。彼女は、言葉が何かを伝達する手段だという人間と言葉との関係をではなくて、言葉が人間から発せられるときには、どういう関係が生まれるのか、という関係――基本的な条件を内部につくることだけに専心しているのだ。例えば「花」といったとき、「花」の存在を人に伝えたり、その他のあらゆる意味を伝えるのではなくて、「花」といわなければならなかった人間の状況を自分のものとして生きようとしているだけであり、それは言葉を通して、ある状況を白石加代子自身が生きるということである――言葉を通してある普遍的な人間の状況を生きるということであり、それには次の二つの条件を必要としている。

一つは、自分の状況が舞台の上で普遍性を持つということ。

もう一つは、言葉のかたちの持つ、普遍的な統辞法的なリズムの中でだけ、桜姫やお蔦やヘカベの生をとらえていくということ、そのことが彼女たちの固有の生き方を相対化して、例えばヘカベがすぐヘレネになるという風に、ある人間がある人間と一つに重なり、あるいは白石加代子の中で二人の女がすれ違って、身体を通っていく、ということを可能にしていく。こういう意味でだけ固有の人間の生を生きる言葉は、相対的かつ普遍的になり、同時に、言葉そのものが絶対的なものとなり、白石の身体そのものに収斂する。

白石加代子において、私たちは前近代を見たりしているのではない。確かに近代の取り逃がして来た人間と言葉の内的な、最も基本的な関係――単なる約束事としての共同性以上の深層の流れにおける普遍性という関係の、劇的な凝縮を見ている。それは同時に、言葉との関係だけではなく、人間存在の構造の普遍性を象徴する一つのあらわれが言葉だということを確認しているのだ。

こうして「トロイアの女」は、三つの人間の言葉との関係を並置している。市原悦子は「物語」を演じ、観世寿夫は「物語」を語り、そして白石加代子は「物語」を生きた。市原悦子の場合には、カッサンドラが二役クリテムメストラに変わっても、ほとんど変わったかどうかがわからなかった。意味のつながりが切れ、身体そのものが変わらないからである。しかし、それに対している白石加代子は無言で、そして何者とも知れず――つまり無人称であるのに――岩のような存在感をもって迫ってくる。

もし、役柄の上での不在を、役者の内部から観客内部への垂直ななにものかの不在という風に考えると、もう一つの不在がある。それは、役者同士の関係の不在であり、この二つの不在は、微妙にからみ合っている。たとえば白石加代子はヘカベとヘレネも演じ、市原悦子はカッサンドラとクリテムメストラを演じる。あの無名のものが、ときにヘカベとヘレネ、カッサンドラの影やクリテムメストラの光を帯びて生きてくる。その微妙な交錯が、無名のものをみたしては消え、消えてはみたすさまは、一方で白石加代子が市原悦子の鏡のような仕掛けを持つからだが、その仕掛けそのものが実は、白石加代子と市原悦子との関係の意味を切ったところに成立しているという事情がある。この関係は、不在の関係というべきもの、あるいは零度の関係とでもいうべきものであり、きわめて無機的であり、関係をつくる存在自体を無機的なものとしてとらえる世界観である。この演劇の上での世界観が、私はこの芝居の特徴だと思う。たしかにこの舞台では観世寿夫、市原悦子、そして白石加代子、蔦森皓祐という対比は鮮明であり、面白い見ものでもあった。観世寿夫は物語を語る。市原悦子は物語を演じる。そして白石加代子は物語をこえて存在する。彼女は物語のなかの役あるいは人間を語るのでも演じるのでもなく、ヘカベという役、人間をこえている。彼女のなかではたとえば男と女が一呼吸の間に交錯し、破裂する。ある時間と空間が一瞬のうちに彼女の身体のなかで身を翻す。そこにあるものは、ただ言葉と言葉を梃にしてなにものかに立ち向かって行く存在であった。そこではもはやヘカベでもホームレスの老婆でもない人間の存在そのものであって空間に刻印された人間の精神であった。言葉は彼女のなかに身体化し、そして空間化されたのである。

しかし白石加代子は成功しただけではなかった。ある部分では物語の枠組みのなかにともすれば引き摺られて行く危険な瞬間を避けることが出来なかった。たとえばヘカベが孫のアステュアナクスの死を知るところ。孫を殺された悲しみの感情に浸り、心理的な感情表現になった。そういうところでは役を演じようとしている市原悦子と同じ演技の視点になって、鈴木忠志の発明した演技術が消えざるを得なかった。それも全体の物語を完結させようという枠組みの結果に他ならない。しかしそういう部分はあるにしても、この舞台が総体において能、新劇、鈴木忠志の方法論の違いを鮮明にしたのも否定できない。

「トロイアの女」初演の一年半後、一九七六年八月、鈴木忠志は富山県利賀村にその本拠を移した。その後もしばらくの間、早稲田小劇場や岩波ホール、あるいは帝劇の仕事をしながら、徐々に利賀村の藁葺屋根の古民家を改造した「利賀山房」に移り、自身も利賀村の村民になった。

鈴木忠志が東京から利賀村へ移住した理由は、東京では騒音の関係で十分な稽古スペースが取れないこと、さらに東京から遠く隔たった山奥でその作品を見せることによって作品の純粋性を保つためだったろう。

実際、当時利賀村へ行くのは一日がかりであった。上野から北陸本線の特急白山一号に乗って六時間で富山へ着く。むろん飛行機で羽田空港から富山空港へ行ってもいいが、それでも当時は二時間弱かかる。富山からさらに高山線に乗って三十分。八尾に着く。「風の盆」で有名な町である。ここから小型のバスに乗って二時間弱。八尾の町を出ると九十九折《つづら》りの急坂になり山稜部に出る。遠く飛驒の山々の連なる壮大な眺めである。そこを辿って行くと大きなダムへ出る。ここが怖い。急カーブが続いて片側はダムの絶壁である。ところどころに小さな地蔵があって、それは遭難した人たちの供養塔だから一入《ひとしお》恐怖にかられる。そこを抜けるとやっと多少の平地が見えて川が見える。これが百瀬川。利賀村の中心はさらに山一つ隔てたところにあって、そこから五箇山、白川郷に通じさらに飛驒高山への道があるが、鈴木忠志の利賀山房はこの百瀬川の上流にある。今は道路がよくなっているが、私がはじめて行った頃つまり一九七六年頃は大変な難所であり、今と違って二時間弱もかかる上に揺れるために、バスのほとんどの乗客が乗り物酔いして吐くありさまだった。

それから十年間、私は毎夏利賀村に通った。いずれも夏だったからいいが、二、三度冬に行った時はさらに大変だった。利賀村は日本全国でも名だたる豪雪地帯であり、しばしば孤立する。雪が二メートル以上積もって道路は雪の壁に囲まれたトンネルになる。ある時は八尾からの道が閉鎖され、長岡から庄川沿いに雪のトンネルを通って行った。この道は夏に通るとまことに幽邃《ゆうすい》である。麓から利賀村までたった一つ峠の道の駅を除けば人家が全くない。深い谷の縁の絶壁を通る道で、対岸の絶壁には白く一筋の滝が掛かっていたりする。泉鏡花の「高野聖」の舞台はかくやと思うほどである。

しかし今では道路もよくなったし、第一東京から富山までは新幹線で二時間半しかかからない。隔世の感がある。

もっとも苦しいばかりではない。楽しいこともある。五年目には上野から渡辺守章、清水徹夫妻、芦野女史、軽井沢から高橋康也父娘、みんな同じ車輌になり、富山ではさらに白水社の梅本聡、和気元両氏と合流した。

これは能でいう「道行」だろうか。

能の「道行」は、ワキの諸国一見の僧が旅をして、これからドラマの始まる場所に着く。その場所にシテの亡霊が現れる。そのドラマの場所に着くまでの、旅僧の旅行の描写が「道行」である。とすればさしずめ私たちはワキで、利賀村の山房にあらわれる舞台こそシテの演じる亡霊が生む幻想かも知れない。

しかしまた一方で私はこれは一つの自己回帰への旅であり、自分の内部への旅だったのだと思った。同じ道を通り、同じ舞台へ行き、そして、同じ鈴木の作品を見て、しかし私はたえず自分の内側へ旅をしていたのではないか。旅とはもともとそういうものかもしれない。目をものめずらしい景色にゆだねて自分を客観的に眺める。しかし、その分自分の奥底へも足をめぐらしている。そういうことが生きるということへの旅のもつ意味かもしれない。自分の内部への旅、そういう気がして仕方がない。

利賀村の急斜面の小高いところに藁葺屋根の古民家を改造した利賀山房がある。これが最初の利賀山房である。この坂道の途中に広場がある。広場をはさんで両側にやはり古民家を改造した家がある。向かって右手にあるのが劇団の本部、左手にあるのが観客のための休憩所。その縁側や座敷で観客が芝居の開くのを待っている。

五年後にはもう一つ、この広場の左手に新しい劇場ができた。新利賀山房である。渡辺守章、清水徹、高橋康也、私たち一行は鈴木忠志にその新しい利賀山房を案内してもらった。横の入り口から靴を脱いで内へ入ると、左手に畳敷きの数段の観客席、右手に黒光りした太い柱、むき出しの棟木、よく磨かれた板の間の舞台がある。正面に立つと舞台は古い民家の座敷そのままに見える。その印象は座敷の中に舞台があるという感じであった。座敷の周囲には廊下があり、その戸を払うと庭と池がめぐっているのが見える。民家そのもの、そこになんの仕掛けもない。普通の劇場は観客が見ている舞台の裏側にその何倍ものスペースの、いわゆる舞台裏というものを持っているし、上手下手の両袖にも同じようにスペースを持っている。それがここにはない。舞台裏も袖もない。それを見て私は京都の二条城の近くにある二条陣屋の能舞台を思い出した。この建築は、二条城に来る大名の宿所になったという。その二条陣屋の舞台は普段は全く普通の座敷であり、畳と障子を取り払うと舞台になる。鈴木忠志はシンポジウムで「住空間」のなかの劇場ということをいっていたが、まさにこれは「住空間」であり、「虚構」と「現実」との奇妙な二重性である。

私がもっとも強く心を打たれたのは、舞台の裏の廊下が障子をはずすと全く別な空間に見えて、通路であると同時に花道のような効果をもつことであった。この効果は「トロイアの女」のとき、トロイアの兵士三人がここを通って上手から下手へ出て来た時、あるいは下手の花道から出るところとか、杉浦千鶴子のアンドロマケが兵士たちに暴行されたあと、一度下手の花道へ入り、そのまま奥の廊下を下手から上手へよろめきながら歩いて行くところなどで、この花道に似た空間の特質が実に見事にあらわれた。

もう一つ私が感銘をうけたのは、舞台の奥に立って客席を見た風景である。板敷の階段の上に、長い障子、腰高障子がならんでいる。日本家屋の座敷の美しさ。こういう建築の美しさは、日本の古い家屋にもときどきある。百姓家というか、洗練されたものを隠した日本の田舎の美しさである。本当に豪奢なものは、つやを消して、しかもなお美しいものかも知れない。むろん、わびとかさびとかいうものとは縁がなく、しかしいかにもわびて、力強いエネルギーをもったたくましさが放つ美しさである。ここも考えてみれば、廊下なのだ。廊下の意味を考えてみると面白い。廊下は本来通路なのに、その通っていくという人間の動きが一つの空間の美しさをつくっている。


そこで私は、二晩にわたって二つの作品を見た。

一つは「劇的なるものをめぐってⅡ」の八年ぶりの再演。もう一つは「トロイアの女」である。

「劇的Ⅱ」の前に野村万之丞の狂言、那須与一が源平合戦で扇の的を射る「与一語《よいちのかたり》」の上演があったが、そのときちょうど、地虫が鳴いていた。シィーンとした場内に、万之丞の声と地虫の声。座敷へ狂言師を呼んで芸を見ているという豪奢な感じがしたことが忘れられない。古典芸能がよく似合う舞台でもある。

「劇的Ⅱ」は、障子がつりこまれた瞬間、これは新しい作品だという印象を強くした。奥のわずかしか見えない障子をのぞいて、障子がみんな真直ぐ下がっていたからだ。その感じは見終わった後も変わらなかった。この作品は鈴木の方法をもっともよく作品化したものとしての古典的な構造をもち、その構造が今や古典的なたたずまいをみせて、真直ぐに舞台に立っていたからである。かつての障子がななめになっている猥雑なまでのエネルギーは、このたたずまいの静けさにとってかわられている。

白石加代子についても同じようなことがいえる。かつての激しい猥雑な迫力は今はなく、わかりやすさと広がりをもって、繊細な感覚が行きとどいている。かつては、南北や鏡花の言霊が白石加代子に憑いたかと思うようであったが、今は白石加代子自身の言葉であり、自らがしゃべっている言葉であった。油気が抜けて美しく、しかもサラサラしている。

まず面をかぶった清玄尼から出るが、(ということは「桜姫東文章」がカットされている)この件の清玄尼と彼女に取り憑く岩藤の亡霊との言い分けなどまことに見事であって、この日ほど二人の合体がよくわかったことはかつてなかった。

それは、同時にリアルになってきているということでもある。せりふの意味がよくわかるし、意外にも今まで一度もいいと思ったことがなかった「化銀杏」が一番よかった。障子越しに、夫のいうことをジッと聞いている白石加代子のお貞の横顔に、この人の人生の盛りというか、充実した重さがにじみ出ている。それがひどくリアルな感じがして、思わず引き込まれるような面白さであった。この侘しさ、しかも愛の充実感というものがいい。

それともう一つ私が驚いたのは幕切れの清玄尼の上品さである。動きとせりふに嫋《たお》やかな品位が出ている。まさしくもと大名の姫君というようなものが、巧まずに出ている。思うにお貞のジッとみつめる横顔、清玄尼の品位といったもの、あるいはお蔦の母親としての身体の味、そういうものは、彼女の人生によってつけ加えられた円熟であって、女優としての滋味である。油気が抜けているというのは、そういう意味である。清玄尼が殺されたあと、一度照明が消えてパッと照明がつくと立身の白石加代子、下手にすわった杉浦千鶴子という姿で幕切れになる。前回と違って清玄尼の花道の六方の引込みはない。それは、一瞬の美しい絵であった。そこに白石加代子の、あるいは鈴木忠志の今日の洗練があって、新しさがある。八年というのは、決して短い時間ではなかった。

二晩目は「トロイアの女」と日米合同の「バッコスの信女」の一シーンを見た。

前回はヘカベの出のシーンを見なかったが、この出の白石加代子がいい。いかにも素で、上手の花道からスーッと出て来て下手へすわる。しかしこの素が実は俳優としての「零度」としてつくられたものであることははっきりしている。

作品全体の緊密な出来具合は、この方がいい。「劇的Ⅱ」の蔦森皓祐の綱女と惣太もよく、十分白石加代子と拮抗しているが、「トロイアの女」のトロイ兵、メネラオスもいい。

白石加代子は、ヘカベよりも二役のカッサンドラの方がとびぬけていい。気が狂って、しかもあざやかになにかを見ているかわからぬ凄まじさ。白い袴と衣裳に引き抜くとき、そこにはあざやかにヘカベという老婆から蟬がぬけがらから出るように、白い蛾が一羽舞い上がるという感じがした。前回もこのシーンの鋭く張り詰めた気迫に驚いたが、今度はまことに堂々として、美しく、しかも強い力が漲っている。引き抜きというか、ぶっ返りというか、衣裳が変わる仕掛けが自分のものになったのである。このせりふの間にはクリテムメストラのせりふが入っているが、それを聞いていて、岩藤の亡霊のようにはわからなかった。しかし言葉のもつ強いイメージはあざやかにわかった。身体のもつ意味であって、物語のもつ意味ではないからである。

ヘカベとメネラオスとの対決は、前回のときが目を奪うような見事さであったが、今回はそれほどでもない。私はむしろ「バッコスの信女」で音吐朗々と下手の花道からあらわれた迫力をとりたい。完全に舞台を圧した、その凄まじさ、風格は、見事というほかはない。

最後の老婆になっての白石加代子は、前回と違って、日常的な老人の動作と非日常的な演技とがかさなり合って見事だった。充実している。たとえば靴を取り出して、「おお、ブリアモス」というあたりは、老婆の中の幻想と、それが広がって幻想そのものが世界になったという気がした。空き缶の音が舞台にひびくかすかな音も忘れがたい。一国の興亡をその音にひびかせた幻想が、鋭く人の想像力を規定する。むろん、それは所詮空き缶の音にすぎぬ。しかし、それが意味や日常や現実をこえて、一つの音として深い意味をもつのは、この白石加代子の二重性と、幻想そのものが彼女の身体をつくるからだ。

杉浦千鶴子のアンドロマケもよかった。上手に子を抱いて立っている間に、今までにない深い存在感をもっている。

何度もいうが、この幕切れは今までになく深いもので、ことに鈴木の方法が、音楽、言葉、唄、演技というものによって、幾重もの構造とひろがり、そして幻想的な空間をつくり上げたといえる。

初演とこの利賀山房の舞台の大きな違いは、第一に岩波ホールという近代劇場とこの利賀山房の古民家の古典的な空間によって出来た緊密さであった。しかし第二に初演の三つの俳優術の競演、すなわち新劇、能、そして鈴木忠志の俳優術の競演と違って、利賀山房は全員が劇団員の緊密なチームワークによるものだったことである。

そこに実は鈴木忠志が利賀村に本拠を移した大きな意味があったのだろう。東京という巨大都市の文化の中心の無機的な「近代」に対して、ここには藁葺屋根の古民家という日本の伝統があり、その伝統の中で花開いた「現代」があった。一日がかりの遠い「道行」はその「近代」と「現代」の対比を示すための距離感だったし、この旅は、利賀村への旅であると同時に、一つの幻想への旅でもあった。


「トロイアの女」は、その利賀山房で何度か演じられた後、新しくつくられた野外劇場で上演された。野外劇場は新しく出来た新利賀山房の前の急斜面に出来ていて、古代ギリシャの劇場のように階段式の擂鉢型の客席がはるか下方の舞台を囲んでいる。舞台はかなり広く、大きな池に面していて舞台奥はそのまま池の水面につづいている。池の中ほどには大きな垂直の石の島がある。さらにその向こうは急な斜面で森が続き、その向こうにまるで客席に対峙するかのように山が見えている。夜になるとこの山がライト・アップされて、舞台の、能舞台の鏡板に描かれた影向《ようごう》の松のように暗闇のなかに浮かび上がるのである。

この野外劇場を設計した磯崎新はその光景の意図を次のように語っている。

（古代ローマ劇場を参考に作られたが）ただひとつ違ったのが、（古代ローマ劇場にはあった）古代都市の街頭の光景を想起させる正面背景がつくられなかったこと。そのかわりに、舞台背後に二本の角柱だけが立つ。そのむこうは小高い山と前面の池の水面だけ。この山影を神体山と観るならば、これが日本古来の神楽舞、能の原型である田楽の招来した神への奉納の儀式と同形式であることも了解できよう。かつては神であった自然にむかって演じることは、同時にギリシャ悲劇の儀式性を回復することにも通じている。（中略）

利賀は、そこにあった山の緑と池の水を「借景」した。そして二本の角柱は閾をつくるための「結界」の役をしている。（中略）ギリシャ悲劇、世阿弥、シェークスピア、チェホフ、ベケット、南北が解体されながら、ひとつの身体、ひとつの舞台にほうりこまれる。

（磯崎新「ディオニュソス――「テアトロ・オリンピコ」と「楕円堂」」
――SPAC叢書『演劇の思想――鈴木忠志論集成Ⅱ』所収）

こういう野外劇場の空間で演じられた「トロイアの女」は、初演の岩波ホールの舞台とも、利賀山房の古典的な密室の舞台とも全く違うものになった。台本は大体そのままであったが、磯崎新のいうとおり、演出はこの空間の中で自然(神)と対峙するものとして、人間の始原の歴史の本質である神話の世界に解放され、人間の対立抗争、それによって起こる悲惨な結果は、物語の完結した全体から解放され、つねに躍動するもの、変化するものとしての様式をもつことになった。

この座標軸が成立することによって、あの岩波ホールの初演で一度は転換した鈴木忠志の方法論は内面化され、ここに再生されることになった。むろんここには観世寿夫も市原悦子もいない。都会のなかの近代劇場としての岩波ホールもない。利賀山房の密室もない。ここにあるものは、磯崎新のいう「神体山」に象徴される悠久の自然と、鈴木忠志の方法論によって教育された俳優たちの統一された様式的な演技であり、このような集団の先陣をきって自然の空気を一身に浴びた白石加代子の存在感であった。彼女は観世寿夫や市原悦子に対しているのではない。自然に対している。能の成立した中世や新劇の成立した近代をこえて自然に対している。そうなった時にそこにあらわれたものは、トロイ落城でも戦後の日本でもなく歴史の始原そのものであった。

それから二十五年。鈴木忠志は四度「トロイアの女」を新しくつくった。

どこが変わったのか。まず台本が変わった。大岡信の台本とは違って、エウリピデスの原作から言葉が選び抜かれて新しい台本になった。鈴木忠志台本である。この台本の特徴は原作と比較してみればよくわかる。ここでは具体的な事件の細部は丁寧細心に取り除かれ、人間の精神に響く言葉だけで作られている。後にふれるがそれに伴って人物も整理されているが、言葉の機能でいえば、物語を語る具象的な意味伝達の手段としての言葉ではない。聴く者を人間の本質に誘うような契機だけを持つ言葉になった。印象的なことをいえば、この言葉はまろやかである。私が精神に響く言葉といったのはこのまろやかさからくる。それはなにかを語るのでもなくなにかを伝えるのでもなく、なにかを描くものでもなく、ただひたすら俳優の身体に生きる言葉であった。

登場人物も整理された。原作では次から次へとあらわれるギリシャ側の人間が三人の兵士に限定され、ヘレネの夫であり、ヘカベとクライマックスで対峙するメネラオスでさえ登場しない。しかもカッサンドラはヘカベの女優が一人二役で演じることになった。これらの処置は別に人員の節約のためではない。後に詳しく触れるが、メネラオスのカットはこの戦争を一個人の男女関係や一ギリシャとトロイに固有の戦争でなくあらゆる戦争を意味するためのものである。カッサンドラとヘカベの二役も神の嫁であり巫女でもあるカッサンドラの予言をヘカベのなかに内在化するための工夫である。

こうしてつくられた言葉は、首尾一貫した物語のなかの事件の全体を伝えるものではなく、もう一つの物語——舞台に屹立する言葉と俳優のつくり出す物語になった。

台本だけでなく劇場も変わった。あの野外劇場の自然から利賀山房の密室へ。利賀山房の、合掌造りの黒光りする床と柱、かすかな光の照らす薄暮を思わせる空間へ変わった。「自然」は、この人間の胎内のような密室に内面化され、「身体」は目に見えない「神体」になった。人間の歴史が自然を神とする原始の風習から、教会や神社仏閣に、そしてついには個人の精神に内面化されたように。

演出も、俳優も変わった。

台本が変わった以上、演出が変わるのは当然だろう。たとえばヘカベとカッサンドラを一人二役でやろうとすれば、そこに演出上の仕掛けがいる。そこで歌舞伎でいうぶっ返りや引き抜きのような一瞬にして衣裳が変わる仕掛けが作られた。

しかし単に衣裳が変わっただけでは二人の女——母親としてのヘカベと娘としてのカッサンドラを替わることは出来ない。ましてヘカベは滅亡してもトロイ一国の王妃であり、国王プリアモスも後継者ヘクトルも亡き今、一国の代表者であり、カッサンドラはその王妃さえも見ることが出来ない未来を予言出来る巫女である。この二人の女を一瞬で替わることは、衣裳が変わったぐらいでは到底不可能である。しかし白石加代子に代わってこの二役を演じた齊藤真紀は、ここで白石加代子以上に重大かつ困難な状況に立たされる。そこで彼女は、かつて白石加代子が清水清玄からお蔦に、お貞に、そして清玄尼を生きたように言葉を頼りに身体の物語を生きなければならなかった。そこに鈴木忠志の発明した現代的な俳優術がふたたび問われることになった。そしてその俳優術は齊藤真紀によって物語を超えて、このギリシャ悲劇のなかに再生し、結晶したのである。

合掌造りの古民家の空間のなかで、齊藤真紀のヘカベとカッサンドラは、まさにこの空間、この瞬間に、いま、ここで生きて新鮮であり、しかも私たちが生きている限り、私たちの記憶に永遠に残るだろうと思わせる人間の姿であり、官能的な瞬間であった。

かくして二十五年ぶりの新版「トロイアの女」は、初演とは全く違う舞台になった。その違いを要約すればその普遍性にあるだろう。

この舞台で起きる戦争は、紀元前の伝説のなかのトロイ戦争でも、エウリピデスがこの作品のモデルとしたといわれる「メロス島の大虐殺」事件でもない。まして私たちの体験した太平洋戦争でもない。特定の固有の戦争をこえる「戦争」の本質なのである。同様にしてここで神というのは自然でもなくギリシャの神々でもなく仏教でもイスラム教の神でもない。特定の信仰に固有な神ではなく、普遍的な絶対者としての神の本質なのである。ヘカベ一家の、母、娘、嫁の関係もまた固有のトロイ王族の家庭ではなく、「家族」そのものである。とすれば戦争も信仰も家族も、固有の歴史的事象をこえた存在であり、「歴史」そのものがここに示されている。

しかもこの普遍性は、その本質であるがためにリアルで生々しい。いま、ここで生きられるものだからである。芝居という虚構が普遍性を持つのは、芝居でありながらその本質を射抜いた時であり、それは普遍性が抽象性を持った時であり、その時はまた演劇がその本質に及んだ時である。鈴木忠志が「劇的なるものをめぐって」において発明した方法論が近代演劇のリアリズムに対して、革命的な意味を持ったとすれば、それはこの普遍性——抽象性によって演劇の本質に及んだこと。その一点に尽きるだろう。

この新版「トロイアの女」こそは、抽象演劇の名にふさわしく、そして初演以来新版までの歴史は具象から抽象への演劇の歴史そのものであった。

5

「バッコスの信女」

「ディオニュソス(バッコスの信女)」内藤千恵子
1990年 3月初演(水戸芸術館 ACM 劇場)/写真提供:SCOT

「トロイアの女」に続いて、鈴木忠志が一九七八年一月に岩波ホールで作ったのがエウリピデスの絶筆「バッコスの信女」であった。これが後に「酒神ディオニュソス」に改作され、さらに単に「ディオニュソス」として劇団の代表的な演目の一つになった。

古代ギリシャには酒の神ディオニュソスを祀る祭りがあり、これをバッコス信仰という。エウリピデスはこのバッコス信仰の姿を描いている。

そもそもディオニュソスは、ゼウスが、テーバイを創建したカドモスの娘セメレに産ませた子であった。夫の浮気を知ったゼウスの正妻ヘラは嫉妬のあまり妊娠中のセメレを焼き殺した。しかしゼウスはその炎のなかからディオニュソスを助け、その後もヘラの激しい攻撃から守り通した。こういう苦難のなかに育ったディオニュソスは、やがて成長して葡萄の栽培に成功し、そこから葡萄酒を作り出して人々に与え、酒の神になった。

この経緯は「バッコスの信女」の冒頭、ディオニュソス自身の告白によって明らかになる。

ディオニュソスの母セメレには三人の妹がいた。アガウェ、イノ、アウトノエ。姉セメレの死を知った妹たちは、姉がゼウスではなく、だれかは知らず人間と過ちを犯してディオニュソスを産んだと公言している。それを聞いたディオニュソスは、祖父カドモスの後を継いで若くして国王になったアガウェの息子ペンテウスに、自分を神として認めない復讐として厳しい罰を下そうとしてテーバイにやって来た。

酒は百薬の長。人々に人生の愉しみを与えるものであるが、同時に酒に酔って本能のままに暴力や淫乱、非行に走る者が出るのは今も昔も変わりがない。酒神ディオニュソスを祀るバッコス信仰は、しばしば常軌を逸した人間のあらわれる集団でもあった。諸刃の剣。ディオニュソスもまた神力によってときに奇蹟を起こし、人々に幻想を与える一方、信仰に反対する者を暴力によって死に追いやる凶暴さをもっていた。

ディオニュソスは、まずアガウェら三姉妹を狂気に陥れ、つづいて頑強にバッコス信仰に反対して信徒たちを弾圧する国王ペンテウスを罠にかけた。

姿を変えてペンテウスに近づいたディオニュソスは、アガウェはじめ女たちが集まって狂喜乱舞しているさまを見たくないかといって好奇心をあおり、女たちに発見されないためといってペンテウスを女装させて山へ連れ出す。

バッコス信仰に狂ったアガウェは、ディオニュソスの幻術によって我が息子と知らずに、女たちとともにペンテウスを殺してしまう。

狂気が覚めたアガウェは、息子を手に掛けたことを知って、父カドモスとともに天罰の恐ろしさを嘆き、放浪の旅に出る。

エウリピデスの戯曲の面白さは、凶暴な神の復讐の恐ろしさを描いて、酒も信仰も人間に必要なものでありながら、一方ではその凶暴さを指摘している点にある。人間の狂気と幻想。両刃の剣の危険性。それがこのドラマの核心である。

鈴木忠志の演出した「バッコスの信女」は、ほぼこの原作に沿っている点では「トロイアの女」と変わりがなかった。ディオニュソスが観世寿夫、ペンテウスとアガウェの二役が白石加代子である。

この舞台は私に二つの謎を残した。

一つは、ディオニュソスがなぜこれほど狂暴かということである。ディオニュソスにとってカドモスは実の祖父、アガウェは叔母、ペンテウスは従兄弟である。いわば血の繋がった親族。その親族にこれほど激しい復讐をするということはむろん、一村を襲って男全員を傷つけ、女全員を信者として誘拐、狂気にさせるという大惨事を起こす理由が、ただ自分を信じなかったということだけでは説明できない。原作の戯曲がバッコス信仰を中心にしているために、ゼウス、セメレ、ヘラの関係は背後になっているからである。むろんそれは鈴木忠志のせいではないが、岩波ホールの舞台でもこの疑問は残った。

もう一つの謎は、ディオニュソスの計略とはいえ、ペンテウスを女装させる点である。ペンテウスより一足先にキタイロンの山のバッコス信仰に参加するため出発したカドモスと予言者テイレシアスは鹿の皮をかぶっただけで女装などしていない。ペンテウスもそうすればよかったのではないか。そこには性の転換の深い意味があるらしいが、岩波ホールの舞台ではわからなかった。

しかしこの二つの謎は、岩波ホールの初演から数年後、静岡の楕円堂で「酒神ディオニュソス」と改題され、全く新しい作品として再生されることによって解消した。その舞台は「バッコスの信女」とはテキストも演出も一新されて、目の覚めるような衝撃であった。

「酒神ディオニュソス」は、前後二場に分かれる。別に休憩があるわけではなく、装置も変わらないが、内容が前後照応して二場になって上演時間は一時間足らず。一つに繋がっている。その構成はさながら夢幻能の如く、前場後場を合わせて一つの作品になっている。

前場では、まず白衣に高い白い帽子を被って、長い杖をもった大勢の僧官たちが登場する。ディオニュソスを主神とするバッコス信仰の教団で、ディオニュソスその人は登場しないし、ゼウス、セメレ、ヘラの関係も省略されている。

国王ペンテウスは、新興宗教としてのバッコス信仰を認めず、これを国家体制を脅かす邪教として弾圧しているために、教団は危機に瀕している。そこへペンテウスが登場して、教団に対する不信を表明する。ここらは原作のペンテウスとディオニュソスの問答が、ペンテウスと僧官たちの問答にそのまま使われている。僧官たちが神の声――つまりディオニュソスの主張を代弁するのであって、ディオニュソスはキリスト教におけるキリスト、あるいは仏教における仏陀、神道における天照皇大神のような、目に見えない存在――教団を支配する教義の象徴として神格化されている。

この改変が巧妙かつ重要なのは、原作のディオニュソスの親族間における復讐という設定の特殊性をカットすることによって、バッコス信仰を一般の宗教集団として普遍化した点である。この普遍化によって、古代ギリシャのバッコス信仰は、あらゆる歴史上の、どこの国の宗教集団にも当てはまる集団の論理をもつことになった。キリスト教、イスラム教、ユダヤ教、神道、仏教からオウム真理教まで。宗教集団のもつ排他的かつ一面では狂暴な属性をあきらかにすることになった。単にディオニユソスが復讐のために狂暴になっているのとはわけが違う。ディオニュソスであろうが、キリストであろうが、仏陀であろうが、その主神の教義を守ろうとする信徒の集団が、そのために狂暴になり、時に国家権力をはじめ一般社会と対立する存在になることは珍しくない。それが宗教集団の論理なのである。このような宗教集団が国家体制にとって厄介な存在であることはいうまでもない。

ことにバッコス信仰の初期的な形態（訳者松平千秋によると、エウリピデスはバッコス信仰の原始的な姿を写したものだと推測されるという――『ギリシア悲劇全集』解説）が、酒によって狂気乱舞、常軌を逸したものであってみれば、これが国家体制を脅かすものであったことはいうまでもないだろう。現に原作によればテーバイばかりでなくギリシャ各国の統治者たちもこぞって弾圧に乗り出している。

若い国王ペンテウスがこれを邪教として真っ向から立ち向かった。単に法律に違反するばかりでなく、国王の権力はもとより国家そのものの存立を危険に曝すものと考えたからである。宗教と政治。この対立が歴史上数えきれない実例をもち、今日なお世界各地の問題であることもいうまでもない。

楕円堂の舞台での、この教団側の僧官たちとペンテウスの、きわめて今日的な問題についての論戦は、まさに手に汗握る迫真さであった。それを見ていて私はかつて芥川比呂志の演じたT・S・エリオットの「寺院の殺人」を思い出した。「寺院の殺人」はキリスト教を国家権力とは別の権威として上位に置こうとするトーマス・モアと、教会を国家権力に従属させようとするイギリス国王の激しい争いを描いている。そしてついに国王が教会内でモアを暗殺する。

しかし「酒神ディオニュソス」では、教団側が策略をもってペンテウスを虐殺する。ここでは女装は一つの戦略に過ぎず、宗教と国家という大問題の前にはさして重要な意味を持っていない。とにかく国王を殺さなければ教団の存続それ自体が危うく、これ以上発展していくことが出来ないという事態が明確であり、どちらかがその存在を超えることこそが問題であった。ここには政教分離などという便法は存在しないし、集団の論理という点からいえば、どちらかがどちらかを抹殺しなければ存在できないという切迫した状況が赤裸々に描かれていたからである。

日本から遠いギリシャの、しかも何千年も昔の事件は、現代の世界各地で起こっている宗教と国家、そして国家体制という権力の問題をあきらかにしている。「酒神ディオニュソス」は古典劇ではなく先鋭的な現代劇であった。

そこで能の如く後場になる。

いかなる宗教集団も僧官たちによってのみ成立しているのではない。信徒たちがいなければ教団は成り立たない。僧官たちが固く教義を信奉し、布教に当たっているのに対して、信徒たちはその僧官の声を神の声と聴いて全面的に受け入れる。それはある意味で狂気に似る。むろん一人一人のなかには真の信仰に目覚めている者もいるだろう。しかしそれが集団になった時に、そこには激しい狂信が生まれ、いわば共同幻想的なものが生まれなければ信仰を、そして教団を支えることは出来ない。個人を超えて生まれるその共同性が、僧官たちの集団の論理を支えるのである。

バッコス信仰の核心である「酒」こそ、その幻想の隠喩であった。

後場は、この信徒たちの共同幻想のなかで始まって、その幻想のなかでふたたび殺人が起こる。アガウェがペンテウスを殺す。

その殺人は原作では、殺人の目撃者である羊飼いの言葉で語られるが、鈴木忠志の「酒神ディオニュソス」では、舞台の、観客の目の前にアガウェがペンテウスの首を引っ提げて現れることによって示される。前場の殺人がナマナマしい現実であったのに対して、それは暗示的な美しい殺人であった。この二つの殺人にはいくつかの相違点があり、その相違点が二度目の殺人の美しさを生むのである。

それではその二つの殺人の、対照的な相違点とはなにか。

第一に、第一の殺人が現実であるのに対して、第二の殺人は幻想だという点である。アガウェは、信仰に反対する者を殺せという教団の広めた幻想に操られてペンテウスと知らずに彼を殺す。教団の与えた幻想を実行して見せるといってもいい。すでに私たちの眼前でペンテウスは殺されている。それが現実だとすれば、彼女はその現実を幻想として生きるのである。だから第二の殺人は、現実の行為ではなく幻想のなかの象徴的な行為にほかならない。

第二の相違点は、第一の殺人が僧官たちの確固たる論理によって起こるのに対して、アガウェの殺人は感情によって起こる。「酒」がその感情をあおっていることはいうまでもない。論理的意識的なものではなくて、酔った感情による無自覚的なものなのである。現実と幻想は、すなわち論理と感情というその内実の質的な違いを示している。したがってアガウェの殺人は、反理性的な、狂信的な、それだけに強い狂熱をもっている。

第三の相違点は、第一の殺人が男性ばかりによって行われるのに対して、第二の殺人がほとんど女性ばかりによって起こる点である。殺されるペンテウスは男性であるが、彼も女装している。むろん現実の殺人は男女を問わないだろう。しかしこの殺人の現実と幻想という相違点を隠喩として表現しているのは、この男性ばかりの殺人と女性ばかりの殺人との違いである。すでに原作にはバッコス信仰を支える女たちの集団があり、その女性信徒たちの集団は信仰を否定した村を襲った時に、男性全員を傷つける一方、女性全員を信徒にした。この原作の描写を見れば、エウリピデスはこの信仰のなかに男性と女性の性差が潜んでいることを知っていたのだろう。しかしそれは、原作では必ずしも鮮明ではなかった。ディオニュソスがペンテウスに女装を勧めるのも単なる戦略に過ぎず、その意味はあまり鮮明でなかった。その意味を鮮明にしたのは鈴木忠志の「酒神ディオニュソス」である。この性差のなかには二つの殺人の質的な相違を明確にする違いが隠されていたのである。なぜ「バッコスの信女」であって「バッコスの信者」でないのかという秘密が。女装は単なる罠ではなかったのだ。

第四の相違点は、第一の殺人が教団の中枢部で秘密裡に行われたのに対して、第二の殺人は大衆の面前で大っぴらに行われていることである。ここには教団の中心と周縁——社会での中心と周縁の問題がある。それが教団の構造を明らかにしている。中心で発せられる指令は厳密かつ正確でなければならない。しかしそれが教団の信徒の周縁に及ぶに従って感情的に拡大され、狂熱となり、より強いエネルギーをもつのである。もし第一の殺人を中心とすれば第二の殺人は、より儀式的に拡大された感情的なものになる。ここに二つの殺人の全く違う性質がある。

以上四点。第一の殺人と第二の殺人の相違点は、現実と幻想、理性と感情、男性と女性、中心と周縁の四点の対照に要約される。そしてこの四点が対照的でありながら相互補完の関係にあることもまた明確だろう。

たとえば中心と周縁でいえば、そもそも中心がなければ周縁もまた成り立たず、周縁がなければ中心も成立しないという関係にある。それは僧官たちと信徒の関係においても明らかである。僧官がいなければ教団は成り立たず、信徒ばかりでも集団は成立しない。

そしてこの四点によってもっとも重要なこの作品の構造が明らかになる。前場と後場はこの相違点によって、単に能に似た美しさばかりでなく、演劇のもっとも基本的な構造に至ったからである。能の作品と同じく前場は後場によって「もどき」になるからである。前場の現実的な行為は、後場によってその真相が明らかになる。あるいは後場によってその真相の本当の意味をあきらかにする。世阿弥はその複式夢幻能と呼ばれる構成によって、演劇の意味を明らかにした。鈴木忠志の「ディオニュソス」もまたその前場の現実を後場の幻想に「もどく」ことによって、現実の下に隠されている事件の本当の意味を明らかにした。アガウェの、母の息子殺しは天罰だのディオニュソスの復讐だのではない。宗教あるいは宗教集団にとって親子の関係や血の絆といったものが断ち切られなければならないという事実を示しているのだ。しかもそれが美しいのはこの事実が実は演劇の存在理由そのものだからなのである。

演劇が現実の「もどき」であることはよく知られている。「酒神ディオニュソス」はまさにその「もどき」の本質を舞台に映し出した。現実には事実があるだろう。しかし虚構のなかには虚構によってしかとらえられない真実がある。第一の殺人という事実から始まって、その「もどき」である虚構の第二の殺人に至って私ははじめて虚構の発見する真実に至った。

鈴木忠志の「ディオニュソス」はエウリピデスの「バッコスの信女」を「もどく」ことによって虚構の真実——そして演劇の存在理由を明らかにしたのである。

6

「王妃クリテムネストラ」

「王妃クリテムネストラ」
(上より)白石加代子，トム・ヒューイット，高橋洋子
1983年 8月初演(利賀山房)／撮影：古館克明

ギリシャアルゴスの王アガメムノンの妃クリテムネストラは、もとスパルタの王子の妻であった。彼女の異父妹ヘレネは世界一の美女だったから、クリテムネストラもまた美しかったのだろう。その美しさに魅せられたアガメムノンは、彼女の夫とまだ生後間もない子供を殺して彼女を妻にした。残酷な略奪婚であるが、それにもかかわらず彼女はよく夫に仕え、イフゲニア、エレクトラ、オレステスの三人を産んだ。

トロイ戦争は、この一家を大きな不幸にまきこんだ。

すでにふれたように戦争の原因になったヘレネは彼女の妹であり、妻のヘレネをトロイの王子パリスに奪われたメネラオスは、アガメムノンの弟だったからである。

そういう事情からギリシャ軍の総司令官になったアガメムノンは、巨大な船団をつくってトロイへ向かって海峡を渡ろうとした。ところが風が全く吹かない。当時の船は帆船だから風がなければ航行できない。ギリシャ軍は浜辺に長い間空しく足止めされた。この局面を打開するために神託を仰いだところ、アガメムノンの娘イフゲニアを生贄にせよという神託が下った。さすがにアガメムノンは迷ったが、全軍の士気のためについに娘を犠牲にした。

クリテムネストラは、アガメムノンに先夫と幼児を殺された上に、今またようやく幸福な家庭をつくったにもかかわらず、愛娘を夫に殺されることになった。二度も子を奪われた彼女が深く夫を恨んだとしても当然だろう。

トロイ戦争は実に十年という歳月に及んだ。

その十年間にクリテムネストラは、夫への憎しみを募らせるあまり夫の従兄弟アイギストスと通じた。しかしこれは単純な不義密通ではなかった。というのはアイギストスにもクリテムネストラと同じくアガメムノンへの恨みがあったからである。

アイギストスは、アガメムノンの父アトレウスの実弟チェステテスの子。つまりアガメムノンとは従兄弟同士になる。にもかかわらず二人は仲が悪い。それは父同士が王位をめぐる激しい権力闘争をしたからである。結局兄アトレウスが勝って王位を継いだ。しかしその過程で兄は弟の子供つまりアイギストスの兄弟を殺して、その肉を弟に食わせた。わが子を殺された上にその肉をそれと知らず食べさせられた弟が兄を深く恨んだのは当然だろう。その父の恨みがその子アイギストスにも伝わった。アイギストスはアガメムノンを深く恨んで復讐心に燃えていた。クリテムネストラもまた同じであった。

十年後、トロイが陥落してトロイ戦争はギリシャの勝利に終わった。

トロイから凱旋したアガメムノンを迎えたクリテムネストラは、夫を湯殿に導き、アイギストスとともに投網を使って自由を奪い暗殺した。

父を殺した母を憎んだ娘エレクトラは、弟オレステスとともに母とアイギストスを殺した。

かくのごときクリテムネストラの人生は、ギリシャ悲劇のなかの各作品に、断片的に描かれている。

そのクリテムネストラのいわば数奇な「女の一生」を、多くの作品から抽出して構成したのが鈴木忠志の「王妃クリテムネストラ」である。私たちはそれぞれの作品に登場する彼女の人生を知っているが、この作品によってはじめて彼女の人生を一望することができた。「王妃クリテムネストラ」は、一人の女性を中心にしてギリシャの王家アトレウス家の悲劇を描いた壮大な叙事詩になった。

ヒロインのクリテムネストラを演じたのは白石加代子である。

私はこの女優の舞台を「どん底における民俗学的分析」以来見続けて来たけれども、彼女のクリテムネストラは、「劇的なるものをめぐってⅡ」に劣らぬ傑作であった。彼女がクリテムネストラを演じるのは一九八三年夏の利賀山房での初演、その年十二月の東京の帝国劇場での「悲劇」。そして一九八五年が三演目であった。しかし初演、再演の二回はいずれも屋内の劇場であり、三演は利賀村の野外劇場であった。それもあって鈴木忠志の演出も一変した。たとえばその扮装。初演は「トロイアの女」のようにほとんど素顔に近く、再演は帝劇ということもあって西欧風、つまりギリシャ悲劇らしい化粧と扮装であった。しかし三演では百八十度転換して純日本風である。顔は濃い白塗り、髪は下げ髪、白綸子の大きな狂言丸の紋散らしの着付け、白地の細い帯、真紅のマントのような打ち掛けという歌舞伎風の姿である。

この初演再演とガラリと変わった扮装で、白石加代子の演技もまた変わった。

この作品は事件の時系列には従っていない。最初にクリテムネストラのアガメムノン殺しというショッキングな事件があり、続いて回想というか時間がさかのぼって、トロイ戦争から十年ぶりに我が家に帰ったアガメムノンを妻のクリテムネストラが迎える有名なシーンになり、そしてクリテムネストラが息子オレステスに殺され、さらにその魂の彷徨で幕になる。

白石加代子のクリテムネストラは、回想から戻って最初の出が凄まじい迫力であった。野外劇場の舞台下手から、驚きと恐怖に震えるコロスの市民たちの前に夫アガメムノンの死体を引きずっての出である。恐怖におびえる市民たちを尻目に掛けて一睨みする眼光の鋭さ、辺りの山々の夜の空気を震わせる凜々たる声。のちに磯崎新が何十年か後の鏡割りの時の挨拶で、その声と劇場の池で鳴いていた牛蛙の不気味な声の両方が忘れられないと語っていたが、たしかに白石加代子の声は、自然を激しく切り裂き、ある時はそれに同化し、ある時は対峙する力にあふれていた。

その暗闇に刻印された声は、自然主義的なリアリズムとは全く違う様式をもっていた。それはむろん白石加代子自身の才能と努力によってつくられたものであるが、同時に鈴木忠志の独自の演技術によってつくられたものでもあった。白石加代子という女優は鈴木忠志が作り上げたのであり、彼の演技術の成功の証の一つであった。

時間がさかのぼって、彼女がどうアガメムノンを殺したのかという場面になる。すなわち二度目の出である。白石加代子が漆黒の暗闇のなかから舞台正面に音もなく進んでくる。その姿はある異様な決断——夫を殺そうとして、今その計画に邁進する女の、冷静で、しかも熱く、さながら魂魄の凝ってここに現れたる如き異様な迫力であった。そして夫を静かに迎える。ここはクリテムネストラのもっとも大きな仕どころである。クリテムネストラは夫を迎えるために侍女に命じて貝紫色の敷物を夫が歩いて来る道に敷かせる。これは「三〇〇〇個の貝からわずか一グラムしか採れない幻の染料で染められた敷物」であり「富と権力の象徴」であると同時に「高価で神聖な敷物」である（山形治江著、論創社刊『ギリシャ劇大全』）。

私はかつて代々木の青年座劇場で上演された、渡辺守章翻訳演出の「アガメムノン」を見た時に、観世寿夫の演じるクリテムネストラのこの場面に感動した。

「海がある」で始まる「八重の潮路の」の長いクリテムネストラの独白を、能面をつけて舞台下手にすっくと立った観世寿夫は、音吐朗々と場内を圧倒するように歌った。その声を、その姿を私は今でも忘れることが出来ない。

白石加代子は観世寿夫と違って、アガメムノンを迎えて舞台に座った。その舞台一杯に広がる大きさ。そしてあの「海がある」という時の異様な美しさ。その芝居の間中、さながら世界のすべてはこの人の一身に集まっている如く、漆黒の闇のなか照明にてらされ浮かび上がって、いま、ここに、世界の中心があるかの如く、辺りを払う美しさであった。私は利賀の山奥深く観世寿夫を思い出すと同時に、歌舞伎の名女形中村歌右衛門を思い出して、深い感動と陶酔を味わった。

私が歌右衛門を思ったのは、歌右衛門を見慣れていたからでも、鈴木忠志が開演前の挨拶で「これが僕の、歌舞伎です」といったからでもない。白石加代子のクリテムネストラに、歌右衛門が直面し、終生それと闘っている問題と同じ問題があると思ったからである。その問題とは舞台空間のなかでの様式とはなにかということであり、それに対する具体的な答えである。

演劇にとって様式とは舞台空間の美的な秩序である。能も歌舞伎も強固な様式をもっている。能は能舞台を歌舞伎は花道といった特殊な舞台空間をもち、仮面や厚化粧を用い、女性の役は男性が演じる。いずれも強固な様式をもちながら近世まで生きて来た。しかし近代になって大きな変化がやってくる。極端なまでに様式化された能はいま措くが、歌舞伎はその舞台空間に微妙な変化が生じた。たとえば歌舞伎の場合は舞台の中央を「神の座」として空けておく。そこには一座の棟梁である座頭だけが座ることが許され、客席に向かって正対する。たとえば「三番叟」の翁の役をつとめる座頭は客席正面に向かって一礼する。その時彼は観客に向かって一礼しているように見えるが実はそうではない。客席後方の屋根の上にある神の降臨する櫓《やぐら》に向かって一礼するのである。櫓から一直線に舞台に落ちて来る神のまなざしこそが舞台の中央であり、そこには座頭だけが座れる。座頭は原則として立役に限られていて、女形は座頭にはなれない。

しかしこの空間は大きく変化した。近代になって起きた大きな変化は、科学的合理精神によってその存在を否定された「神の死」だったからである。神は世界の中心。その中心が喪失した。そのことを指摘したのは、ドイツの哲学者ゼードルマイヤーである。西欧だけではない。日本も同じ。神が死ねば神のまなざしも消える。神のまなざしが消えれば、舞台中央はただの空っぽの空白にすぎない。その空白を埋めようとしたのが、女形でありながら座頭になった歌右衛門であった。歌右衛門が神の死に出会った近代人だったからである。そこで歌舞伎の舞台空間は微妙に変質した。

歌右衛門は近代人であった。中心の喪失と同時に一人の近代的な個人であった。むろん歌右衛門は父五代目歌右衛門から受け継いだ女形をおのれの「天職」として守った。しかしそれだけでは、自分と同じく近代に生きて前近代の女形を感覚的に受け入れがたい大勢の観客を説得できない。そこで歌右衛門は登場人物の女性のなかに一人の人間のリアルな心理を導入した。むろん前近代の女形と近代の人間のリアルな心理描写は矛盾する。歌右衛門はまさにその矛盾と闘ったのである。その闘いのなかで様式に歪みが生じたのは当然だろう。その矛盾を乗り越えて歌右衛門は観客の陶酔と感動をかち取ったのである。

白石加代子は女優であった。歌右衛門は女形である。むろん女形は単に女性の真似をするものではない。自分の本来の性である男性性を否定して、舞台の「女」の性を生きる。白石加代子もまた本来の性である女性性を否定して舞台の「女」を演じている。女形にしても女優にしても、自分本来の性の否定の上に立って舞台の「女」をとらえようとすれば、そこに様式が必要になる。ここでの様式とは舞台空間に生起する身体の関係性に他ならない。その事実を無視して単に様式だけを模倣しようとすれば、女優はたちまち女役者になる。私が白石加代子を見て歌右衛門を思い出したというと人はすぐ女役者を想像するかもしれない。しかし白石加代子は女役者とは全く違う。女役者は要するに様式の模倣であり、贋物に過ぎない。白石加代子は女形を模倣したのではなくて、歌右衛門とは逆方向から、しかし方法論としては同じ視点から、自分の性を否定した上で舞台空間のなかの女を捉え返している。虚構のなかに自分の身体を投げ出して生きている。虚構のなかでは、男女という日常的な性別ではなくただ一個の人間の身体があるのみ。その視点から女を演じているからこそそこに自ずから様式が浮かび上がった。その様式が歌右衛門と白石加代子とで違う点は二つある。

一つは、彼女が舞台の中央に進んで来た時、彼女はまさに世界の中心に立ったように見えたが、歌右衛門の場合と彼女の場合では微妙な違いがある。歌右衛門は神の視座に人間として君臨しようとして、いわば喪失した中心そのものになろうとした。しかし白石加代子の場合は、中心に向かって進んでいったが、中心は彼女の外側にあった。それは彼女の背後に黒々と聳える山々であり、照明に照らされたきらめく池の水面——つまり自然であった。山々はすなわち神を宿す。それは日本古代の山岳信仰からクリテムネストラの生きた古代ギリシャに通じている。山々こそは「神の視座」。そして同じく自然に対する人間の、それも歌右衛門のような近代的な個人ではなく、闇を抱え込んだ人間の身体の造形であった。その視線があってこそこの造形が成立したのである。王妃クリテムネストラはまさにそういう表現のなかの女として舞台にあらわれたのである。

市民たちを炯々たる眼光で睨み返したあと、彼女が自分の立場を綿々と訴え始めたとき、彼女の内面から泉のように柔らかな女の弱さがあふれ出るさまを私は見た。しかしそれは心理的な内面描写とは全く違って、空間に感情を造形するものであった。そのことは鈴木忠志が近代的な個人が見失った神を人間と対峙する自然のなかに見たからこそ成立した。すなわちここでは、あるときは凜々と、あるときは嫋々《じょうじょう》とあらわれる人間の側面を統一している様式である。様式は彼女の身体の、多層的な位相のなかで創造され、破壊され、せめぎ合い、生き続けるものの、そのプロセスそのものであり、プロセスの構造そのものでもあった。

この様式の力が、あの白石加代子の一身に世界が集まっているような感覚の根源である。天上の深々たる夜空の闇、周囲の峨々たる漆黒の山並み、漆黒のなかにきらめく水面、そういうなかで彼女の身体が全てを統率しているというのは、この様式の構造のつくる幻想の力以外のなにものでもない。

自然と対峙し、それを圧倒してここに成立するものこそ演劇の火柱である。

前二回の、利賀山房と帝国劇場の舞台がなんといってもネクラで屈折したエレクトラとオレステス姉弟の母親殺しのドラマであったのに対して、今回はまさにその題名の「王妃クリテムネストラ」にふさわしく白石加代子によって舞台全体が支配されていた。

そしてわが子二人によって刺された王妃のはなやかな死こそがこの舞台の中心であった。死んだあと、白石加代子は打ち掛けを脱いで、舞台の奥の池に張り出したところに観客席に背を向けて座った。その背中には、世界全体を覆い尽す母なるものの魔力が圧倒的であった。

彼女のこの姿こそ、その演技が様式を獲得した証拠だろう。能や歌舞伎にはいわゆる「後見座」といわれるスペースがある。能ならば本舞台と橋がかりの間の奥の隅、歌舞伎ならば本舞台正面奥。芸をし終わった役者はそこで観客に背を向けて休息する。あるいは衣裳を変え、道具をもって次の芸に備える。つまりここはある意味で楽屋の一部でもあり、役者はそこで登場人物の役から素顔の私に戻るのである。これを「くつろぐ」という。白石加代子は、この瞬間まさに「くつろい」でいた。しかし彼女が「くつろぐ」姿は歌右衛門とも観世寿夫とも違っていた。彼女が能とも歌舞伎とも違っていたのは、くつろぎながらもその背中が「無」にならずに舞台を支配したことである。その背中によって彼女は今この瞬間においても池の向こうの漆黒の山々と対峙するという舞台の構造の様式を生きていたからである。

神を認めぬ近代的な人間像、主体性を持った近代的な個人ではなく、人間のなかに理解しがたい不可解な闇があることを認めた人間が自然に縋り、あるいは自然と対峙するという世界観によってつくられた構造であり、この構造によって近代から現代への転換を行った時にはじめて人間対自然という古代信仰への原点回帰が起き、そこに描かれた世界の構造によってのみ可能になった造形であった。

7

「桜の園」
——近代から現代へ

「桜の園」(左より)蔦森皓祐，白石加代子，竹森陽一
1986年 8月初演(利賀山房)／写真提供：SCOT

一九七六年、鈴木忠志はその本拠を、東京の早稲田から富山県利賀村へ移した。その利賀村の初期の傑作がチェーホフの「桜の園」である。

「劇的なるものをめぐって」で、その特異な方法論を創造してリアルな物語を否定した鈴木忠志は、岩波ホールの「トロイアの女」で、一度は物語へ回帰した。しかし利賀村へ移った鈴木忠志は、再びその独自の方法論へ戻った。というよりも二つの方法論を合体させたのである。物語とは違う、もう一つの物語をつくる方法を発見したといってもいい。それには「桜の園」以前のいくつかの作品にふれなければならない。

利賀村最初の公演は「宴の夜・一」であり、その後「宴の夜」シリーズは「二」、「三」と三年にわたって毎夏続けられる。

「宴の夜」は、「劇的」にならって複数の戯曲の断片を組み合わせたもので、「一」は「トロイアの女」と岡本章の「霊老女」ほか、「二」はオスカー・ワイルドの「サロメ」ほか、「三」はシェイクスピアの「マクベス」ほかである。白石加代子が「トロイ」のヘカベ、サロメ、マクベス夫人を演じた。

この三作で鈴木忠志がどう変わったかは、かつてふれたことがあるので(「マクベス夫人の白髪」――駸々堂出版刊『劇評になにが起ったか』所収)、ここではその経緯を要約する。

「一」の「トロイアの女」は、岩波ホールのそれとは違って、戯曲全体ではなく断片されたある部分が強調された。そのなかでもっとも印象的だったのは、ヘカベがトロイ戦後の狂騒をよそにジッとひとり静寂に耐えている姿であった。ここでは物語を語る言葉ではなく、言葉にならない無言の演技で女の深層を見せたからである。この静寂、この無言のなかに、岩波ホールの物語の明確な輪郭とは違う、言葉にならぬものへの志向が見えた。

しかし「二」のサロメになると、静寂は立体的な動作に変わる。たとえばサロメがヨハネの死首に接吻しようとして自分の唇に紅を差し化粧をするシーンが印象的であり、かつ暗示的であった。白石加代子が舞台前面で化粧をしている間、杉浦千鶴子のもう一人のサロメが椅子に腰かけて化粧を始める。これは「劇的」のバリエーションであった「染替再顔見世」の「四谷怪談」の吉行和子、高橋辰夫組のお岩と宅悦が鏡を通してもう一組の白石加代子、蔦森皓祐組と入れ替わる構成に似ている。つまり言葉にならないものが一つの関係性によって構成されたのである。すでにここに「劇的」の方法論と「トロイアの女」の物語との合体が暗示されていた。

そして「三」に至ってこの関係性からは、言葉にならぬ深層を形にしようという強い意志が感じられるようになった。たとえば白石加代子のマクベス夫人は、これまでほとんど素顔で演じていた彼女が白髪の鬘をつけ、扮装をしてマクベス夫人を演じた。

すなわち「宴の夜」三作の鈴木忠志の変化は、「トロイアの女」の物語から離れて、「劇的」の方法論へ戻り、もう一つの物語をつくろうとする鈴木忠志の内面の変化の過程であった。

このプロセスを経て、一九八四年十二月「リア王」と「三人姉妹」が上演され、さらにその一年半後の夏「桜の園」が初演される。

もう正月まで数え日になった十二月二十八日朝、私は羽田空港から空路富山へ向かった。富山県利賀村は日本でも有数の豪雪地帯である。そのためにそれまで利賀村の公演は夏に限られていた。私もはじめて冬の利賀村へ行ったのである。

東京を発った時は小雪交じりであったがそれほどの雪ではなかった。ところが富山は猛吹雪。私の乗った機体は富山空港に何度も着陸を試みるが、滑走路を目前にしながら風にあおられて失敗。燃料が限界になって近くの小松空港へ着陸した。それからがまた大変である。富山から八尾へ、八尾から利賀村への道は夏でも難路であるが、すでに雪が二メートル近く積もっている。今日と違って当時の利賀村への道路は道幅も狭く、舗装が完全ではない。私たちの乗った車はしばしばスリップして断崖の縁に止まる。命がけで辿り着いた利賀村は寒風吹き荒んでいる上に雪が降っている。利賀山房は外套を着て使い捨てカイロを背負っても刺すような寒さである。「リア王」と「三人姉妹」の間の休憩には山房を降りて別棟で薪ストーブに当たり、熱い茶を啜った。

その時見た「リア王」については別に章を改めてふれる。ここでは「三人姉妹」にふれたい。いうまでもなく「三人姉妹」はチェーホフの四大戯曲の一つである。その四幕目の三人姉妹の、有名な「モスクワへ、モスクワへ」というせりふを中心に鈴木忠志が再構成したものである。この構成では「三人姉妹」の物語をすでに知っている人はいいが、知らない人は物語を辿ることは不可能だろう。

舞台中央に畳二畳が敷かれている。その畳に女学生のような髪型、洋服を着た少女三人が座っている。彼女たちは握り飯を食べたり、ごく日常的な動作を繰り返しながら、チェーホフの三人の姉妹のせりふをひたすら喋っている。というと朗読劇のような形式を想像されるかもしれないが、全く違う。「劇的」で白石加代子が沢庵を罵ったり、排泄をしながら鶴屋南北や泉鏡花のせりふを生きたように、三人姉妹もまたチェーホフの言葉に生きている。そのありさまは空間に全身で言葉を刻み込むような激しさであった。

その迫力によってチェーホフの書いた言葉は、二重三重の構造を持っていることが明らかになった。たとえば幕切れに三人姉妹は、かつて青春を過ごした故郷モスクワへ帰ろうという。「モスクワへ、モスクワへ」。それまで私が見た「三人姉妹」では、たとえばモスクワ芸術座にしても文学座にしても、このせりふは彼女たちの希望であり、悲しく、はかなげな、涙を誘う感動の言葉であった。むろん彼女たちがモスクワへ帰れる可能性はほとんどない。長女オリガは田舎の学校の校長に就任してここに身を埋めるほかはなく、次女マーシャは不倫相手の軍人の転勤によって、彼と別れなければならず、三女イリーナは結婚しようと思っていた恋人を決闘によって失い、失意のうちに働きに行かなければならない。モスクワどころか三姉妹は散り散りになって、一人一人の前には、孤独で、退屈で、灰色の日常しか待っていない。だからこそ「モスクワへ」という言葉はせめてものはかない希望であり願いであった。

しかし鈴木忠志の「三人姉妹」では、その希望さえなかった。彼女たちの言葉はあきらかに実現不可能な嘘であるばかりでなく、言葉がそれを発している人間を裏切り、支配していたからである。にもかかわらず彼女たちは、ただひたすら言葉に縋って生きていくしかない。そこにはもはや希望もなにもない。希望を持つことさえ許されていない深い絶望と、それでも生きていくしかない人間の過酷な姿だけが浮かび上がっている。私はチェーホフのせりふにこれだけの何重かの重みがあったのかという思いがした。むろんチェーホフがそこまで意識してこのせりふを描いたかどうかは知らず、その言葉は人間を孤独に追いやり、絶望的な閉塞に追い込んでいる。それは喜劇的でさえあった。それでも人間はかほどに過酷な状況を生きなければならないのか。とすれば人生とは一体なんであろうか。そう思うと、その光景のグロテスクさ、滑稽さ、醜悪さが胸に迫る。

しかしその醜悪な光景には、不思議なことに一筋ほのかな、明るさが漂い、奇妙な美しさを湛えていた。グロテスクと美しさ、明るさと暗さ、希望と絶望。そのはざまに戯曲の物語とは違う、もう一つの人間たちの物語が垣間見える。ここに生まれた物語は、戯曲の物語とは異なり、俳優の身体の物語であり、人間についての幻想的な、精神的な物語であった。たしかにそれは幻想であるかもしれない。彼女たちがいう「モスクワ」は現実のロシアの都市ではなく、彼女たちの身体が、いま、ここで描いた、彼女たちの心のなかにのみ生きている都市であった。もう一つの物語はその幻想の都市に向かって築かれ、逆にその幻想都市「モスクワ」によって人間の深層に潜む物語として明らかになった。

「桜の園」はこの「三人姉妹」と同じ構造によって、それをさらに深く洗練、円熟した形で作られた。「桜の園」が「三人姉妹」よりも成功したのは、「三人姉妹」が集団劇であったのに対して「桜の園」はラネーフスカヤ夫人一人に集中することが可能だったからであり、「三人姉妹」上演のあとの一年半の間に鈴木忠志の感覚がより深く洗練されたためであった。

「桜の園」はラネーフスカヤのせりふに、ごくわずか「三人姉妹」の一部を加えて作られている。

まず原作第一幕のパリから帰って来たラネーフスカヤが故郷の家を懐かしみ、幼くして溺死した我が子の幻想を見るところがある。続いて第二幕のパリの男から来た手紙の件から、ロパーヒンの桜の園を別荘地として分割分譲したらどうかという提案を退ける件があって、あの不思議な物音を聞く瞬間になる。それから第三幕のトロフィーモフとの長い対話、そして最後に第四幕の、ラネーフスカヤの桜の園を去って行く別れの独白になる。これだけでおよそ一時間弱。ラネーフスカヤの人生のドラマのポイントが巧妙に再構成されている。

白石加代子のラネーフスカヤは、まず冒頭利賀山房の橋掛かり風の戸口から姿を見せ、一歩踏み出す姿が異様であった。グレーに染めた髪に大きな黒い帽子、それに和服のいわゆる江戸褄を仕立て直したドレス風な衣裳を着て、よく見るとその裾から見える爪先に下駄、しかも男物の下駄をはいている。その異様さはとても「三人姉妹」の三人の女学生風の少女のグロテスクさの比ではない。しかもまたその髪、その衣裳がよく似合って豪奢な感じさえする。

その動きがまた異様であった。毅然としている次の瞬間、たちまち体がグニャグニャと動く。こう書くと化け物じみて聞こえるが、それが妖艶で美しいのだから不思議である。もっとも単純にキレイなわけではない。妖艶でありながらグロテスク、グロテスクでありながら美しい。老婆のような大胆不敵さを持っているかと思えば童女のようなあどけなさである。しかも一方では下品で、なんともいえずいやらしい年増女であった。これはのちにふれるが、それまで私が見たラネーフスカヤは俳優座の東山千栄子にしても、モスクワ芸術座のタラーソワにしても、上品で、貴族的な育ちの良さと、ふくよかさ、豊かさを持った貴婦人であった。ところが白石加代子のラネーフスカヤを見て私ははじめて、この女がいくら高貴なように見えても、一皮むけば所詮は、田舎の成金地主の年増のカカアに過ぎないことを知ったのである。しかもこの下品な女がある瞬間に実に上品で、儚な気な、匂うような品格の女に見える。

妖艶でグロテスク、老婆にして童女、上品で下品。そういう、一人の女の表面と深層に棲む二つの要素が対立し、互いに相対化し、批評しながら全て揃っている。その両面を見せる事が可能なのは、白石加代子が驚くべき自由さを持っているからであった。この自由さは、チェーホフがそのせりふにこめた、さまざまな、この女の位相を彼女が生きたためであった。チェーホフのせりふにあるように、彼女の両方の目はいつもキラキラとダイヤモンドのように輝いていた。その輝きはロシアの田舎の金持ちの下品さ、恋する女のあでやかさ、年増女の激しさ、豪放大胆なきらめきであった。

たとえば、原作でいえば第二幕の、パリの情夫からの電報を読むところ。性に餓えた女の下品な大胆さの恋が燃えるようであった。

あるいは幕切れの、原作でいえば第四幕の桜の園への別れのせりふ。白石加代子は舞台の下手の方を向いて立ち、左足に重心をかけて左手に小さなハンドバッグをもち、右手を腰にあてたポーズでこのせりふをいう。その舞台いっぱいに広がる大きさ、圧倒的な印象、そして刻一刻と変わって行く表情の豊かさ、その自由さとスケールの大きさは類がなかった。そこには「劇的」とも「トロイアの女」とも違う一人の女優が立っていた。

「三人姉妹」の構成、方法をふまえながらここにはそれとは違う感覚が流れている。鈴木忠志は、もう一つの物語をつくった。「三人姉妹」では「人間はなんのために生きているのか」という絶叫のかげに、一筋の川の流れの如く、せせらぎの響きの如く、音楽のコードの如く、チェーホフの戯曲の背後にある抒情性がひそやかに音を立てて流れていた。この音を鈴木忠志は、グロテスクな喜劇、黒い笑いとしてつくった。この音こそ一つの歴史感覚であり、この歴史感覚によってこそ、あの絶叫が喜劇化されたのであり、その喜劇のかげにひそかにかがやく音楽のようなきらめきもまた浮かび上がった。

しかし「桜の園」では、あの絶叫のかわりにラネーフスカヤという女の肖像として結晶し、その結晶を秋のもの憂い光が照らしている。「三人姉妹」の「人間とはなんのために生きるものか」ではなく、「桜の園」の幕切れの有名な従僕フィールスのせりふ「人生は一瞬のうちに過ぎてしまって、まるでそこになにもなかったようだ」という想いが流れている。この感覚が私の心に強く残ったのは、ラネーフスカヤの、あの両方の側面がきらめくような輝きをもって人生の時間を駈け抜けて行ったからである。ここでのもう一つの物語とは、その彼女の物語であった。

鈴木忠志はこういう。

ラネーフスカヤも、自分の人生の惨めさと空しさから逃れるために、やはりたくさんのお喋り＝物語が必要だった。ラネーフスカヤにとっての中心的なそれは、パリと若い男の愛だったということになる。

（「正当化という物語――ザ・チェーホフ」――而立書房刊『鈴木忠志演劇論集　内角の和・Ⅱ』所収）

とすれば、「ラネーフスカヤ夫人」のパリの男との愛も、「三人姉妹」のモスクワと同じく彼女の幻想なのだろう。あの私たちが見たラネーフスカヤの輝きは、彼女の幻想の美しさとして生きて来たものだったのかも知れない。

こうしてこの「桜の園」は、一つの作品であるばかりでなく、歴史的な意味を持つことになった。しかしそれには、チェーホフの上演の歴史と、現代演劇の変動にふれなければならない。

チェーホフは、新劇にとってかけがえのない演目であった。

現に昭和二十(一九四五)年あの戦争が終わった時に、戦争中弾圧をうけつづけていた新劇が解放されて最初に取り上げたのも「桜の園」であった。俳優座、文学座、東芸など新劇団大合同で青山杉作演出、薄田研二、千田是也、滝沢修、村瀬幸子、杉村春子、岸輝子ら新劇俳優総出演で、ラネーフスカヤを演じたのは築地小劇場以来の当たり芸であった東山千栄子であった。

そして新劇がその手本としてきたモスクワ芸術座が最初に来日した時の演目も「三人姉妹」であり、「桜の園」であった。

「三人姉妹」も「桜の園」も新劇にとってはかけがえのない財産であった。

しかし十年後、モスクワ芸術座が二度目の来日をした時、状況はすでに一変していた。

一回目の時に、スタニスラフスキー、ダンチェンコ共同演出により、近代劇のリアリズムによって一分のスキもないほどであった「三人姉妹」はわずか十年で昔日の面影を失って、隙間風の吹く嘘っぽい舞台になっていた。

同じことは日本の演劇界にも起こった。

あれほどリアリズムによって完璧に見えた俳優座の「桜の園」も文学座の「三人姉妹」も徐々に光彩を失って行った。

それには大きくいって二つの理由がある。

一つはリアリズムが衰退して、どこかリアリティが感じられなくなったこと、つまり芝居の虚構性が疑われはじめたのである。もう一つは、六〇年代初頭から世界に不条理演劇があらわれ、それにつれて小劇場運動が起こったことである。チェーホフの作品も例外ではなかった。かつてのようにリアリズムでチェーホフを上演することが出来なくなっていった。

以上二つの時代の変動から起こったのが、チェーホフの再評価である。中村雄二郎や佐々木基一のチェーホフ論の論潮が、チェーホフ上演に大きな影響を与えたことは否定できない。


現に私は、鈴木忠志の「三人姉妹」の十日ほど前に東京森下のベニサン・ピットで、蜷川幸雄の「三人姉妹」を見た。それは舞台の周囲を多くのテレビのモニターが囲んでいて、そこに映し出される舞台と実際の舞台とを観客は同時並行して見るという演出であった。つまりドラマは舞台のなかだけで上演されるのではなく、映像としても上演されるのである。これはドラマがもはやそれだけで独立して存在するのではなく、テレビの映像として相対化されるものとして設定されているということである。

蜷川幸雄は、のちに銀座セゾン劇場で「三人姉妹」をもう一度演出するが、それは前回とは全く違って、蜷川幸雄が舞台の稽古をしているところへ観客が入って行くという奇抜な趣向であった。ここでも稽古という形でしか「三人姉妹」を上演できないという、あるいはリアリティを担保できないという、蜷川幸雄の解釈が鮮明であった。

そういう状況のなかで上演された鈴木忠志の「桜の園」は、その人間の深部を通してチェーホフの書こうとした精神を立体化した点で極めて批評的なものであった。

すでにふれたように、俳優座の東山千栄子のラネーフスカヤやモスクワ芸術座のタラーソワのそれが、上品で豊満な女性のリアリティをもって、その存在が私たちに深い感銘を与えたのは、徹底した近代劇のリアリズムの、いわば第四の壁によって守られた空間があってこそ可能であった。その空間が崩壊した時代にあってもしチェーホフの描いた女性像が再生するとしたらば、それは彼女自身の深層にひそむ世界への挑戦にならざるを得ない。鈴木忠志はそこに書かれた人間を批評しその幻想をあばいて、もう一つの物語を作って、チェーホフの精神を描いた。

モスクワもパリもいや全ては幻想だったかも知れない。そこまで辿りついた時にあらわれたのが鈴木忠志の現代性であった。チェーホフの精神が閉じ込められた閉塞状況は、現代でも変わっていない。それが人間の普遍的な状況だからでもあり、その現代性を描いた時に、「桜の園」は新劇の古典から現代演劇の先鋭的な作品としてよみがえった。

「劇的なるもの」が、近代と現代との分岐点であったように、「桜の園」もまたその分岐点をさらに鮮明にした歴史的な一頁であった。

8

「リア王」
――世界は病院である

「リア王」ゲッツ・アルグス
1984年 12月初演（利賀山房）／写真提供：SCOT

世界あるいは地球上は病院で、その中に人間は住んでいるのではないか、私は、この視点から、多くの舞台を作ってきた。ということは、多くの戯曲作家は人間は病人であるという視点から、人間を観察し、理解し、それを戯曲という形式の中に表現してきたのだ、と私がみなしていることになる。戯曲作家の中には、それは困った考えだという人もいるかもしれないが、優れた劇作家の作品はこういう視点からの解釈やその舞台化を拒まないというのが、私の信念になっている。それゆえ、ここ数年の私の演出作品は舞台上のシチュエーションがほとんど病院になっている。それも単なる病院ではなく、精神病院である。

(鈴木忠志「世界は病院である――リア王」――『内角の和・II』所収)

鈴木忠志の思想の核心である。この視点から鈴木忠志は多くの作品を作って来た。たとえば「帰ってきた日本」や「カチカチ山」や「世界の果てからこんにちは」など。そこには車椅子にのった病人がいて、医者や看護婦がいる。そういう光景のはじまりは、シェイクスピアの「リア王」の、それも何回目かの上演を経て成立した改訂版の時であった。

この視点はどんな意味を持つのか。

むろん世界には病院がいくらもある。しかし世界全体が病院ではない。まして世界中にいくら病人が多いといっても全ての人間が病人ではない。それを世界は病院で、人間は全て病人だといえば、それは病人の定義より、そもそも人間の定義によるだろう。鈴木忠志のユニークな逆説は、その人間観によるのである。人間は表面的には健康に見えても実はその当人でも気が付かない深層に暗部を抱えている。たとえば人は怒りや憎悪に任せてあいつを殺してやりたいなどと口走る。しかし実際に殺人犯になる人間は限られている。社会に帰属する市民として社会の規範である法律や倫理に従うからである。だからといって殺人犯でない人間が全く殺意を持っていなかったとはいえないだろう。そこに人間の暗部が潜んでいる。この暗部を含めて人間を見れば確かに人間はほとんど全て病人であり、人間の住む地球全体が病院にならざるを得ないだろう。

鈴木忠志の人間観は、その人間の全体をさして病人というのである。となれば人間はどこかで病んでいるという事実を否定できない。人間が本来病人であるとすれば、その真の姿を赤裸々に描くことこそ芸術家の仕事だろう。真の姿を描くためにこそ虚構——この場合は芝居を人間が必要としている唯一の理由に他ならない。鈴木忠志がそういう考えを持つに至ったのは、彼が長い間芝居を続けて来て、たとえば「劇的」のような作品によって、人間のいわば隠された暗部の広大な領域を描いて来た結果に他ならない。そしてついにこういう仕事をしている「自分も病人ではないか」(「世界は病院である」)と思うに至って、虚構としての芝居のもっとも本質的な地点に至ったのである。

それが舞台全体の枠組みを病院にまで発展したのは、リアの老いが人間のだれしも避けることが出来ない老年の普遍的な状況のためであった。

しかしそこに至るまでには多少の経緯がある。

鈴木忠志が「リア王」をはじめて構成演出したのは、一九八四年の、あの冬の利賀村の「三人姉妹」との二本立てであった。

「リア王」はブリテン王国(古代イギリス)の国王リアが、三人の娘、ゴネリル、リーガン、コーデリアに、その領国を分割相続させようとしたところに始まる。ゴネリル、リーガンはすでに結婚していて、コーデリアはフランス王を夫にしようとしている。そこでリアは三人の娘に自分への愛の誓いを立てさせる。ゴネリルとリーガンは美辞麗句をもって父を讃えるが、コーデリアだけはむろん父を愛しているが、自分が世界でもっとも愛しているのは夫であるという。当然だろう。しかしリアはそのことに激怒してコーデリアに領土を与えずフランスに追いやる。コーデリアの相続すべき領土は姉二人が二分する。姉二人の家の居候になったリアは、領土の領有権は二人に与えたものの国王としての王権にしがみついていたため、たちまち二人の娘と衝突し、二人に追われて漂泊し、ついに狂気に陥る。そもそも領土を分割しながら王権の名誉だけを維持しようとすること自体がリアの老耄の判断の誤りであるが、そのためにリアは窮地に立つ。それを救おうとフランスから戻ったコーデリアのフランス軍とイギリス軍の戦争になる。その結果、リアと娘三人は結局死ぬ。

この壮大な物語は、シェイクスピアの原作通りを日本語訳でノーカットで上演すれば五時間以上はかかるだろう。それを鈴木忠志はおよそ五十分にまとめた。それも味気ないダイジェスト版といったものではない。物語として大事なエッセンスは全部入っている。しかも一望のもとに物語の全体の構造が眺められるようにうまく再構成されている。これを見れば誰でも物語を理解できるだろう。

その上、登場人物は全員がほとんど正面切って、細かく優雅に動き回る。そのありさまはさながら美しい絵巻物の如く、その洗練された動きは様式美の極致であった。その一部は刊行された『鈴木忠志演出・台本集Ⅰ』の演出ノートを見ればいかに動きに細緻な指定がされていたかがわかるだろう。

しかし私の不満はまさにそこにあった。すでに「トロイアの女」でふれたように鈴木忠志は、ほかの演出家と違って物語や主題の意味を否定し、様式や美しさを否定して、革命を起こした演出家だったからである。


その「リア王」が一変したのは、その後、利賀村の野外劇場で何回目かの「リア王」の英語版を見た時であった。

この舞台は二つの点でそれまでの「リア王」とは全く違うものであった。

一つは出演者が全員外国人で全編英語だったこと。もう一つは舞台がブリテン王国ではなく病院になったことである。

その頃、すでに鈴木忠志は世界各所で外国人の俳優を使って演出をしていたから、ロンドンでイギリス人の俳優を使った舞台の凱旋公演だったかも知れない。私の見た日はちょうどその公演の千秋楽で、利賀村の村民たちがつめかけ、千人余りの人が野外劇場で立錐の余地もないほどだった。私も含めてその観客の大部分が英語版の、外国人の演じる「リア王」の物語をスミからスミまで理解したとは到底思えない。つまり初演以来の「リア王」の物語は、意味の体系として理解されたわけではない。そうなると観客は役者の身体の伝える物語を理解するしかなくなる。それは意味ではない感覚で受け止めるということである。

もう一つの相違点は、リアははじめから車椅子に座ったままの精神異常の老人でありそのわきには看護婦がついている。その看護婦が「リア王」の本を読んでいる。老人の幻想のなかで起きるドラマは、全てその看護婦の読む「リア王」の本と連動している。本のなかに閉じ込められていた物語が、老人の幻想となって舞台に展開するというわけである。あるいは老人の幻想が看護婦の読む本を作って行くといってもいい。そのために舞台に展開するドラマは相対化され、批評化されている。

しかもその看護婦は白衣の天使の女性でありながら男優が演じる女形であった。その女形が実に傑作だったが、その男性であることを隠さずにグロテスクで喜劇的な看護婦はあきらかに歌舞伎の女形の裏返しであり、批評であった。そしてこの女形の読む「リア王」が老人と看護婦の本との連携の契機になっていたのである。

この病院の設定が、あのスタティックな絵巻物から一変して「リア王」を立体化した。リア一家の悲劇は、この病院の車椅子の老人のものになった。この老人はおそらく一生かかって築いた資産を失い、家族からも見放されて死ぬしかない。そういう事情は私たちのだれもに多かれ少なかれ起こりうるものであり、避けることの出来ない人間の老い（そして死）によって起こる悲劇となって、「世界は病院である」という鈴木忠志の思想を眼前にしたのである。そこにあらわれた世界は、まさに荒涼たる世界であった。

しかしこの鈴木忠志の「リア王」はさらに進展した。

その翌年東京グローブ座で上演されてさらに大きな展開を遂げたのである。

出演者は、リア王のトム・ヒューイットを除いて全員日本人に変わった。トム・ヒューイットは英語でしゃべっているが、そのほかの役者は全員日本語のせりふをしゃべっている。つまり日本語と英語の両方の言語でドラマが進んでいく。この仕掛けが面白かった。どう面白かったかといえば、日本語と英語では当然のことながら思考の回路が違う。英語(あるいは日本語)を聞く、あるいはしゃべるということは、英語(あるいは日本語)でものを考えるということである。いま、二つの言語が同時に舞台で使われれば、観客は二つの言語の間に、つまり二つの思考回路の中間に立つ。二つの思考回路をつなげるのは、言葉の意味であるが、その意味を繋げながら観客は、二つの思考回路を絶えず相対化しなければならない。そのことが、首尾照応した物語を批評することになる。そこに初演以来の「リア王」とも英語版「リア王」とも違う、ユニークな効果が生まれたのである。そのことが私には面白かった。

しかしそういう全体的な仕掛けもさることながら、私がこの作品で感動したのは次の二つのシーンであった。

一つは、狂気のリアが荒野を彷徨うシーン。もう一つはドーバー海峡にほど近い平野でのグロスター伯爵(蔦森皓祐)とその息子エドガー(加藤雅治)のシーンである。

荒野の場面で面白かったのは、リアが野犬に囲まれるところであった。舞台中央やや上手の椅子にリアが逃げ上ると、それを中心に上下へ別れて登場人物全員が扇形に並ぶ。そして彼らが犬の声を叫ぶ。ヒューイット自身もそれに応えて犬の声を叫ぶ。さらに全員の犬の声。そしてそれとは全く無関係に椅子の傍らで本を読み続ける看護婦(吉行和子)の笑い声。それらがまるで三重奏のように空間にこだました。

この場面は一見様式的に見える。しかし実はグロテスクで、破壊的で、衝撃的な力をもっていた。様式が本来持つ自己完結的な力とは違う、ダイナミックな迫力であった。そこが初演以来の「リア王」の様式性とは違うのである。

この力は一体どこから来るのか。

この場面はシェイクスピアの原作では、正確には荒野ではなく、第三幕第六場の「城に近い農家」である。そこでリアが野犬に襲われる。原作ではリアを襲う野犬の群れは現実であるが、トム・ヒューイットの演じるリアにとって、野犬は二重の意味で幻想であった。この全体が精神病院の患者の幻想であること、そのなかでも野犬は老人の幻想だったからである。この二重の幻想によって、リアを囲んでいるのは野犬であると同時に老人を苦しめる人々——つまり人間になった。老人から見るとただの野犬が自分を苦しめる人々に見えるという設定は原作にも暗示されているが、鈴木忠志はさらに野犬が人間の隠喩であることを鮮明にした。上下に登場人物がズラリと並ぶのは決して様式的な意図ではなく、この原作の比喩を立体的にしたからであり、単に立体的になるばかりでなく、その奇怪で、異様な声によって相対化され、批評されている。その声がリアルな犬の鳴き真似ではなく、なんともいえぬ異様さを持ったのはそのために他ならない。老人の声は登場人物たち全員の犬の声によって増幅され、相対化され、そして老人自身に跳ね返ってくる。しかもそうなった時には犬の声は批評されながらも、不気味な、巨大な幻想として膨れ上がっている。それを切り裂くのは看護婦の笑い声である。この笑い声が全ての妄想を破壊する。破壊しながらも、幻想をさらに増大して背後の暗闇に吸収する。この三段の声は無限に続いて行くように見え、無気味な声として観客の耳にこだまする。声というよりも音として暗闇に消えて行く。

これが異常な力の原因であった。この力が衝撃的なのは野犬、人間、鳴き真似、声、そして音という構造のなかでたえず自らを否定し、破壊するという作用を持続し続けているからである。

こういう構造が示されたのが単なるせりふ——言葉ではなく、犬の声、笑い声であったことは象徴的であった。ここでは言葉の意味によるコミュニケーションが問題なのではなく、役者の身体こそが問題だからである。

もう一つ感動的だったのは、ドーバー海峡に近い断崖のそばのシーンであった。

リアと三人娘のドラマと対照的に進んでいるもう一つの物語はグロスター伯爵の悲劇である。すなわちグロスター伯爵には、長男エドガーと、愛人との間に出来たエドモンドの二人の息子がいる。伯爵家を横領しようとしたエドモンドは、兄を裏切って父から遠ざけ、その上父を盲目にする陰謀に加担する。陰謀によって追放された盲目の伯爵は、絶望した結果、このドーバー海峡から身を投げようとしている。そこへ通りかかったのは「裸のトム」と名乗るホームレスに身を落したエドガーであった。エドガーは盲目のために自分を息子と認識できない父の命を助けるため、ここが断崖だと偽ってただの窪地へ飛び込ませる。ここでエドガーは盲目の父に断崖と思わせるために、エドガー本人、裸のトムのほかに、崖の上にいる通行人、崖下の通行人の四役を演じる。蔦森皓祐のグロスターもすぐれていたが、加藤雅治のエドガーの四役の演じ分けも見事だった。この演じ分けは、そのしゃべる言葉一つで体まで変わるという鈴木忠志の俳優術のもっとも成功した例の一つであった。

しかし私が本当に感動したのは、そういう方法論のためだけではない。犬の声のシーンも含めて鈴木忠志が実にストレートに、率直にシェイクスピアの魂に近づいているという印象を持ったためであった。二つのシーンはどちらも原作に暗示されている。鈴木忠志の方法論は一見、様式的なユニークなものに見えるから、シェイクスピアの原作の設定から遠いように見えるかもしれない。しかし実は、リアルな設定の再現では近づくことの出来ない作者の魂をつかみだしている。そして、その魂を今日の私たちの実感として立ち上げている。最初の犬のシーンが闇の暗黒を示しているとすれば、このドーバー海峡は、秋の日差しにも似た、柔らかさを示して、率直に作者の魂をつかみだしている力がある。エドガーの四つの役の設定の多面性を通して、詩人の魂に近づいて行く人間の共感が聞こえるようであった。

鈴木忠志の、人間を病人と設定し、自分自身もまたその一人という認識がこの感動を可能にしたのである。

以上、雪の日の利賀山房の初演からグローブ座の最新版まで。そこにはいくつかの大きな変化があり、今後もまた変化していくかもしれない。その変化は一人の演出家の人生の足跡であり、同時に私たち観客の目の変化であり、時代の感性の変化であった。私自身のことでいえば、初演の不満から今日の感動まで。いくつかの紆余曲折があった。しかし、その中でただ一つ変わらなかったことがある。それは鈴木忠志がつねに「演劇とはなにか」という本質的な問題を問い続けてきたことである。「世界は病院」というのは、その究極の回答であり、そのことが私たちを感動させたのである。

そして最後に私が付け加えたいのは、この「リア王」がモスクワ芸術座の俳優たちによって、東京初台の新国立劇場の舞台で上演された演劇史的な意味である。

「桜の園」の章でふれた通り、モスクワ芸術座は日本の新劇の聖地であった。新劇の基礎になった築地小劇場と土方与志とともにつくった演出家小山内薫は、モスクワに滞在して毎日芸術座へ通い、その演出の型をノートにとって帰国後、そのノートに従って俳優たち——たとえば東山千恵子に演技を写した。

そのモスクワ芸術座ではじめて演出した日本人は鈴木忠志であり、新国立劇場の公演は、その凱旋公演であった。それを見て私は日本の現代演劇の歴史的な一頁だと思った。御承知の通り、モスクワ芸術座は、スタニスラフスキーのつくったシステムをその伝統的な演技術としている。近代劇のリアリズム演技である。それに対して鈴木忠志の「鈴木メソッド」は、反リアリズムの演技術である。スタニスラフスキー・システムで教育されたモスクワ芸術座の俳優たちが鈴木メソッドによるためには、近代劇から現代演劇への転換をしなければならない。

私の見たあの一回目のモスクワ芸術座から見れば、鈴木演出はモスクワ芸術座にとっても極端な転換であり、彼らがそれを克服している舞台を見れば、近代から現代へという転換を目の当たりにせざるを得なかったのである。そしてそれは鈴木忠志の体験であると同時に、私たち観客の人生の転換でもあった。

それゆえにこそ私は、この舞台を演劇の歴史的な一頁というのである。

9

「シラノ・ド・ベルジュラック」——その多面的な思想

「シラノ・ド・ベルジュラック」
(左より)ナナ・タチシビリ，竹森陽一，テン・チョン
1999年 4月初演(静岡県舞台芸術公園 野外劇場「有度」)
／写真提供：SCOT

鈴木忠志の「シラノ」は、輝く宝石のように多面的な魅力をもっている。

その多面性は要約するとおよそ四つある。

第一に、日本の西欧文化の受容とその結果の現代日本文化批判。これは比較文化論であり当然現代日本文化論でもある。

第二に、「シラノ」の、のちにふれる特殊な設定によって、言語と身体の問題にふれる。これは言語論であると同時に身体論であり、その議論はコミュニケーション論にも及ぶ。

第三に、「シラノ」は恋物語であるから、当然のことながら恋とはなにか、愛とはなにかが語られる。すなわち恋愛論。

第四に、その美的に完成した造形について。これは官能を中心にした美的な造形論である。

以上四点、比較文化論、言語論、恋愛論、造形論。というとあたかも討論劇のように思うかもしれないが、決してそうではない。四つの論点は深く隠されていて、その深層で互いに微妙に響き合い、その関係性によって透明玲瓏な珠玉の作品になっている。それがこの作品の特徴である。

たとえば第二点の言語論、身体論は第一点の比較文化論――いわば文化の風土と深く関係しているし、一方で第三点の恋物語と深く関わるばかりでなく、第四点の造形論に絡んでいる。「シラノ」はいわばこの四つの思想的な契機が微妙に絡み合った関係性の上に成立した幻想の建築であり、その建築から私たちはさまざまな思想的契機を読み取ると同時に、その思想の生きた姿を体験する。

それでは第一点から詳しく見て行こう。

エドモン・ロスタンの「シラノ」は、一八九七(明治三十)年にパリで初演された。韻文風に書かれてはいるが、まぎれもなく近代戯曲であり、フランスの国民に愛された作品である。同時に明治維新以後の日本の近代化とともにフランスに強い憧れをもつ日本人にも愛されてきた。その愛着の結果、額田六福の翻案「白野弁十郎」が出来た。幕末から明治維新のなかで生き抜いた勤王の志士白野弁十郎(シラノ)は、新国劇の創始者沢田正二郎によって初演され、のちに島田正吾の当たり芸として私たちにも馴染み深いものになった。

鈴木忠志の「シラノ」は、ロスタンの原作(辰野隆、鈴木信太郎訳)を使いながら、風俗は「白野弁十郎」によっている。シラノをはじめガスコン青年隊は、向こう鉢巻きに袴姿、大小を差した侍姿である。しかも食事をする時には畳の上の四足膳であり、給仕をするのは傘を持った芸者たちである。ロクサーヌも半分和装、半分ドレス風の姿で、しかも太い男の声の女形である。彼女が登場するのは舞台下手の障子屋体で、日本式の障子が使われている。向こう鉢巻きから障子まで。これらは単なる和洋折衷ではない。フランス――西欧と日本の文化の相対化であり、その相対化はその文化の内部に及び、日本の古典よりも西欧の古典を愛してきた日本人の精神構造の奇形性に及ぶ。ガスコン青年隊の食膳は、今は失われてしまった日本の食膳を思い起こさせると同時に、今、ここにはないフランスの食膳を思い起こさせ、さらにそのどちらでもない現代日本の我々自身の食膳を告発する。近代日本文化が、加藤周一の指摘した「雑種文化」であることへの批判である。

この批判を可能にしたのは、鈴木忠志の「シラノ」の設定した独特の状況による。すなわち幕が開くと一人の日本の作家(すでにお馴染みの喬三という男)が登場し、机に向かってフランスの物語――「シラノ」を書き始める。すでに喬三は侍姿であり、しかし現代の作家でもあることは、その母親との対話で明らかである。母親は喬三にフランスの女の家にも灯りがあるかと聞く。喬三はないという。しかし灯りがない家は江戸時代の日本にもシラノの時代にもないだろう。この喬三の答えは、喬三自身が闇の中にいること、彼が書く(あるいは幻想する)物語そのものがまだ闇の中にあることを示している。喬三は田舎から都会へ出て来た。そして、いま、机に噛り付いて自分の幻想である物語を書きつつある。それはまだ書き始められたばかりであるという点で闇の中にあると同時に、フランスから遠く隔たった極東の島国の日本人がフランスに憧れ、あるいは都会に憧れた田舎の青年が描く物語がまだ闇の中にあることを示している。

この事実は、物語の展開に従ってさらに明確になる。御承知の通り「シラノ」の主人公は大きな鼻を持つ醜悪な顔の男である。この身体的な欠陥が「シラノ」の恋物語の大きなミソであるが、実はその醜悪さは単に原作の劇的な設定であるばかりでなく、鈴木忠志の「シラノ」においてより風刺的な意味をもつ設定になる。喬三は白色人種よりも小さく、背が低く、肌の色も違う「日本人」そのものであり、その「日本人」のなかでも都会の洗練からほど遠い田舎者の、都会人との対比を示している。この関係は、日本人がフランスの粋な男(実はフランスのなかではガスコン青年隊は田舎者に近いのだが)たちの物語に憧れ、それをおのれの文化としてそのまま身につけようとしている日本近代の西欧文化受容の滑稽さを象徴している。この西欧と日本の関係は単なる風俗を超えてより思想的なものに及ぶ。

それが第二点の、言語論、身体論である。

鈴木忠志の「シラノ」には四つの言語が登場する。一つは冒頭の喬三と母親の対話に明らかな日常的な言葉、一つは喬三が机に向かって書きながら朗誦する書き言葉、一つはその書かれた物語のなかのクリスチャンにシラノが背後からプロンプターのように付ける言葉、そして最後の一つはその付帯物としてのシラノのいわゆる傍白、つまりシラノ自身の内面の言葉である。傍白はもともと日本にはほとんどなかった。そもそも日本には「心身一如」という考え方があって、「心」と「身」は一つ――「一如」であって、西欧近代のように人間を外面(身)と内面(心)とに分ける考えがなかったからである。

さてこの四つの言葉は一つの流れを作っている。喬三は日常の言葉から、机に向かって書き言葉を通じて物語の世界に入って行き、そのなかでシラノになり、クリスチャンとの関係を生き、傍白をも生きる。この四つの言葉の交錯のなかで「シラノ」の特殊な設定があきらかになる。クリスチャンは美貌の青年であるが文才がない。文才があるシラノは美青年ではない。そこでロクサーヌを口説くのにシラノが暗闇に隠れてクリスチャンに言葉をプロンプする。すなわちシラノの言葉は、シラノ自身の言葉とロクサーヌに語り掛けるクリスチャンの言葉の二つに分かれる。そしてある時にはクリスチャンの言葉のように見せかけながら実はシラノ自身の言葉になる瞬間があらわれる。友人クリスチャンの恋を助けるために言葉を作りながら、シラノ自身もロクサーヌに恋をしていたのである。

この流れのなかにあらわれてくるのが西欧近代の言語観である。その特徴は二つある。一つは言葉と身体とは全く別のものであるという考え方。ロクサーヌはクリスチャンの身体に惚れたのであって、彼の言語能力に惚れたわけではない。彼女はクリスチャンの身体と同時にシラノの言葉に惚れた。現実には起きそうもないことだが、それを芝居にしたところが作者の狙いであろう。そこで明らかなのは、身体と言葉が別の二つのものであり、言葉は単なるコミュニケーションの道具に過ぎないという西欧近代の言語観である。

ロクサーヌがクリスチャンの言葉が実はシラノの言葉であり、それがシラノ自身の言葉でもあったことを知る時には、クリスチャンはすでに戦死し、シラノは瀕死の状態で間もなく死ぬ。つまり身体が消滅した時にはじめて言葉はその内面をあらわす機能を発揮する。これがこの言語観の身体と言葉の乖離である。

もう一つ重要なのは、この言葉と身体の矛盾を解消するために存在しているのは、言葉のもう一つの側面——傍白である。傍白の前提は人間の内面と外面を二つに分割している。この考え方が近代心理学の前提になっていることはいうまでもない。

以上二つのポイントはすでにロスタンの原作にあるものだが、それを明確にしたのは鈴木忠志の「シラノ」であった。鈴木忠志の「シラノ」は、いわば言葉の機能を問い、ロスタンの近代的な言語観、身体観を批判したのである。

シラノは竹森陽一の傑作であるが、それは竹森陽一はじめ鈴木忠志の「シラノ」の俳優たちがその台本の言葉を生きたからに他ならない。むろんどんな俳優といえども舞台で与えられた言葉（せりふ）をしゃべる。しかし一般の俳優たち、ことに近代の俳優術を学んだ俳優たちは、役の人物の内面の心理をリアルに日常的に表現しようとする。しかし鈴木メソッドで教育された俳優たちは言葉のみによって生きる。内面の心理や日常的な表情で生きているのではない。ただひたすら言葉によってのみ生きる、というと誤解を招くかも知れない。言葉によってというよりも、言葉以外のものから遮断されている。まず内面の心理や日常から遮断されている。それのみならず彼らの生きる言葉は二重三重の障害によって遮断されている。

たとえば「シラノ」の初演は静岡の茶畑と深い木立に囲われた野外劇場の夜の公演であり、再演のロクサーヌは外国人の男優が演じる女形であって、彼は外国語でせりふをしゃべっていた。観客はむろん、俳優もそこでは心情とか、言葉の意味、あるいはその言葉の伝えるべき思想とかテーマというものとは切り離されている。しかもここでは食事をするとか、文章を書くとか、刀を振り回すとかいう演出によって、言葉そのものからも切り離されている。言葉のみが空間に屹立している。

ここはそういう「場」であり、そういう「時」なのである。そこで言葉を生きようとすれば、俳優は言葉を身体化するほかない。それが空間に言葉を生かす唯一の道であり、そこを辿ってより深く言葉の文脈を通して深層に降りざるを得ない。そうなれば、その言葉の深層に西欧近代の言語観がうかんでくる。

クリスチャンはシラノの口真似をしてロクサーヌをくどく。そのうちつい間に合わなくなってシラノがクリスチャンの代わりに自分の声でしゃべってしまう。このウソが「シラノ」の原作のミソでもあり、面白いところでもある。しかしもし俳優がその言葉を生きようとすれば言葉が身体化することによって、この矛盾が逆にあきらかになり、あきらかになることによってウソが明確になり、ひいては身体と言葉が全く別のものである言語観の矛盾が鮮明になってしまう。つまりこの西欧の言語観は言葉が身体化することによって批判され、空無化してしまう。

ロスタンがそこまで意識したかどうかは知らず、鈴木忠志の演技術の成功によって――つまりその「場」において言葉を生きるという鈴木忠志の演出によってロスタンの「シラノ」にひそんでいる言語観が空無化されるのである。それはある意味で東洋の思想の西欧近代の思想への批判であり、芝居の一瞬に生きる現代的な構造による近代への批評であった。

この批判は第三の恋愛論に深く関わっている。

鈴木忠志の方法論が近代の言語論を空無化したように、ロクサーヌとクリスチャン、あるいはシラノの三角関係の恋を空無化する。初演の大森大介のロクサーヌ、音吐朗々たる竹森陽一のシラノ、この二人によって演じられる恋物語は、原作のロマンチックな、しかし喜劇的な甘い恋物語を空無化している。そこで問われているのは恋とはなにかである。単なる劣情ではないか。いや劣情でさえない。絶望的なコミュニケーションをそれと知りつつ求める感情の奇形ではないのか。少なくとも私には相手を失ったくどき文句は絶望そのものに聞こえた。いかなる形でも成就しない恋、人間の感情が行き場を失いつつある現代の状況を鋭く反映しているようであった。

ドラマはさらにその先に起こる。言葉と身体を別の二つのものと考え、言葉をコミュニケーションの道具としか考えない近代の言語観によって、この三人の恋物語は復讐されざるを得ない。このような奇形を通じてロクサーヌは美しいクリスチャンの身体ではなく、シラノの言葉を愛しはじめる。その言葉の根源を求めて当てのない旅に出る。そこでついに醜いシラノの身体に至る。しかしシラノはそれを受け入れることが出来ない。彼が死にかかっていたからではない。シラノの言葉は自己完結的なディス・コミュニケーションの世界で美しい言葉をつくったからである。シラノは自分の考えた設定そのものに復讐される。シラノによってつくられた言葉は、言葉を超えて身体を求め、自分自身を確認しようとするからである。

そしていよいよ最後の造形論である。

鈴木忠志の多くの作品のなかでも「シラノ」はもっとも美しい作品であった。

初演は、すでにふれた通り静岡の自然公園の野外劇場であって、夜の闇の中に深い木立を背景にして前面が幾列も重なっている茶畑の綺麗に刈り込まれた群生、下手に四枚障子屋体(といっても障子だけ)がうかんでいる。

東京の新国立劇場では、室内でこそあったが、正面の奥高くに二枚の障子を象徴的にかかげ、これがあたかも黒いバックの暗闇のなかに浮かび上がっているかの如き効果をあげていた。

これらの装置は単に装置として美しかったのではない。平舞台中央やや上手寄りに喬三の机があり、それと対照的に下手にガスコン青年隊の食膳がしつらえてあって、最も重要なシラノの演技は中央で行われるようになっていて、これら四つの演技エリアを通して各人物の動きが微細に計算されている。

出版されている鈴木忠志の「シラノ」の上演台本(『鈴木忠志演出・台本集Ⅱ』)には、ほとんど全頁にわたってこの空間のなかの各人物の動きが繊細に書き込まれた図面がついている。この図面を見ればいかに各人物の動きが、その空間のなかで計算されたものであるかは一目瞭然である。

しかし計算されているのは空間だけではない。もう一つ重要なのは「シラノ」全編にわたって、ヴェルディのオペラ「椿姫」が流れていて、それがまた実に細かく人物の動きに連動している。「椿姫」のどの部分がどこに当てはまるかは、これまた台本にその歌詞とともに詳しく書き込まれている。鈴木忠志の作品のなかでは実に多くの音楽が使われていて、それが劇中の人物の動きと連動していることが多いが、ここでは「シラノ」とは全く関係のない「椿姫」が「シラノ」の恋物語を相対化しながら象徴的に連動している。この関係性が私は重要だろうと思う。

たとえば最終幕の有名な尼僧院。すでにシラノは瀕死の状態でロクサーヌに会う。その部分を書き続ける喬三の姿がライトに浮かび上がると、「椿姫」の序幕が「シラノ」の大詰に来ているという逆転と同時にそれを聞く観客は喬三の書く物語がすでに終局に来ていることを知っているから、「幸せ」とはなにか、と思わずにはいられない。シラノにとって(喬三にとってといってもいいが)「天使」とはロクサーヌその人であり、その「幸せ」がロクサーヌが本当に愛したのは、ほかならぬシラノその人であることを思わずにはいられない。皮肉な相対化は同時に同化作用なのである。

鈴木忠志の美的な感覚はこのようにしてつくられている。そしてその感覚は、第一点の西欧からの受容の歴史、第二点の言語論、第三点の恋愛論、そしてこの造形論の美的な感覚によって一つの世界を作っている。

鈴木忠志の作品の魅力の一つは、その造形の美しさにある。それはある時は「劇的Ⅱ」の如くグロテスクでありながら凄惨な生の輝きに満ち、ある時は「ディオニュソス」の如く端正な様式的な魅力を持ち、またある時は「王妃クリテムネストラ」の如く凄惨で醜悪になり、ある時は「桜の園」の如く豊かな人間の息吹きを刻み、ある時は「リア王」の如く狂熱にあふれている。

その造形の美しさは、六〇年代の小劇場運動から出発したどの演出家とも違っている。そこにはグロテスクさ、あるいは鋭い相対化を含みながらあらわれてくる、線の太く、分厚い、豊かなボリュームの造形があり、その深さ、その美しさにおいて文化の深層に達している。これぞ演劇だけのもつ官能である。というのは演劇にはこの官能こそが欠くことのできないものの一つだからである。

たとえばその事実は言葉一つにも表れている。空間に刻み付けられるような言葉、その言葉が生の輝きをもつ迫力。これは演劇が達し得る極点なのである。

しかしそれらの鈴木作品のなかでも「シラノ」は、そのいずれとも違っている。造形の激しさ、美しさの構造が違う。その違いは冒頭でふれたように、その多面性にある。第一点の西欧との比較文化論、第二点の言語論、身体論、そしてコミュニケーション論、第三点の恋愛論、第四点の造形論。それらの次元の側面がさまざまな形で交錯している。いわば各論点は一つ一つの点であり、その点を繋ぐ線が関係性である。その関係性は言葉が舞台に生きる瞬間によくあらわれている。すでにふれたように言葉が生きるその瞬間は、一方でその固有の「場」であり、一方でその独特の「時」であり、関係性はこの「場」と「時」の文脈にあらわれる。この「場」と「時」の関係性によって、四つの側面の言葉の深層があきらかになり、その深層のつながりによって、美しさが生まれる。四つの側面には、その側面を象徴するもの——たとえばのちにふれる一枚の障子の如き象徴物があって、それが互いに呼応して全体の関係をつくる。その関係が重層的に働いて舞台に美しさが生まれるのである。その意味でその美しさは常に動き、常に透明感をもっている。この透明感こそが「シラノ」の美的構造なのである。

たとえばここに舞台の中空に浮かぶ一枚の障子がある。この障子はあるシーンではロクサーヌの象徴でありながら、フランス文化を移入する日本文化の受容の象徴であり、恋物語の観点からはロクサーヌとクリスチャンの性交の象徴である。その障子は白く光っていて、周囲の闇を照らしている。その闇は言葉のない世界を示し、俳優の身体に生きた幻想であり、ということは喬三が書き続けた物語——幻想の象徴でもある。つまり一枚の障子はシーンごとによってその意味するものを変え、変換可能であることによってこそ関係性を形作っているばかりでなく、透明なのである。

こう見てくると一枚の障子が示しているように、四つの点は、この象徴の点を貫く線であり、この線によってしか四つの点があらわれない。しかもたちまち消えて行く。

物語のなかのシラノが死に、喬三もまた筆をおいて机の前を去る。その時舞台一面に白い雪(初演は白く小さい花であった)が降ってくる。その雪が限りなく美しかったのは、空中に舞い、そして瞬く間に消えて行く雪こそが「シラノ」の作品の構造を象徴していたからに他ならない。

10

「別冊　谷崎潤一郎」

「別冊　谷崎潤一郎」(左より)加藤雅治，蔦森皓祐
2004年 3月初演(静岡県舞台芸術公園「楕円堂」)
／写真提供：SCOT

陽光きらめく春の午後、私は静岡の山の中にある楕円堂に行った。平成十六（二〇〇四）年三月二十日。

楕円堂は日本平に続く静岡県立芸術公園の山の中腹の開けた斜面にあって、山を隔てて真直ぐ正面に雪を頂く富士山が大きく見え、周囲には視界を遮る建物は一つもない。あたりには桜が咲き乱れ、しきりに鶯が鳴いていた。

楕円堂は磯崎新の設計した、鈴木忠志のための劇場であるが、一見劇場とは思えぬ平屋建ての建物である。中に入ると広い畳廊下が楕円形に周囲をめぐっていて、その端の階段を降りると、地中深く、黒光りのする柱と壁の、薄暗い楕円形の舞台と反対側の壁に沿った細い客席が広がる。外の陽光にくらべて、劇場の内部はひんやりと冷たく、うす暗い空間には神秘的な雰囲気が漂っている。

楕円形の舞台の奥にはすでに蔦森皓祐の喬三（作家――鈴木忠志はこの作品でも「シラノ」でも作家が今書いている作品をそのまま上演しているという形式をとり、その作家を喬三と名付けた。ここでは谷崎潤一郎だろう）が、かすかな灯火のもと、机に向かって原稿を書いている。こうして幕が開いた鈴木忠志の「別冊　谷崎潤一郎」は、二つの部分から成り立っている。一つは江戸時代の敵討ちを描いた谷崎の戯曲「お国と五平」。もう一つは谷崎の、現代の刑事といってもこの作品が雑誌『中央公論』大正十年十一月号に発表された当時の刑事Aが殺人犯Bを尋問する対話形式で書かれた短編小説「或る調書の一節――対話」である。

「お国と五平」の舞台は、那須野ヶ原の秋。ところどころに松の木が見え、見渡す限り一面の薄《すすき》が秋風になびき、街道を外れて人影もない荒野である。ここへ広島藩中の武家伊織の妻お国と、その下僕五平の二人がさしかかる。今朝、宇都宮を経って奥州街道に行く途中である。

四年前、お国の夫伊織は、同じ家中の池田友之丞に闇討ちにあって殺された。お国は夫の敵を討つために幼い子を国許に残し、腕の立つ、屈強の若者五平を連れて旅に出た。広島から大坂、京、江戸を経ていま敵を求めて奥州まで。しかし友之丞の消息は杳として知れない。

荒野のなか絶望的な旅を続ける二人の前に一人の虚無僧があらわれる。友之丞である。

友之丞は広島藩の家老の家に生まれた。広島藩は浅野本家四十二万石の大藩だから、その家老の息子といえば身分が高い。女のような美男子だが、剣術が下手で、臆病で、遊び好き。一度はお国と相思相愛になって男女の仲になった。しかしお国は友之丞と絶縁し、殺された伊織と結婚した。伊織は友之丞と違って剣術がうまい。当時の武家社会のなかでは武道に秀でているというのは一つの規範であったから、友之丞と別れて伊織と結婚したお国を世間は称賛した。

しかし友之丞はお国が忘れられない。お国の夫を暗殺した後、お国と五平が敵討ちの旅に出た最初から、変装をしながら二人を付けて来た。むろん見つかれば命はない。五平のような屈強な男に敵うはずはないからである。

にもかかわらず、友之丞が二人の前に姿をあらわしたのは、お国へのやみがたい恋慕の情のためであり、かつそういう自分が抑えられなかったからである。お国に自分たちを追ってきてどうするつもりかと問われた友之丞は「どうする心か、それは拙者にも分りませぬ」という。つまりお国恋しさのあまり、生命の危険を顧みず二人の前に出て来たのだ。しかしいざお国の顔を見ると、友之丞の意志がハッキリする。彼を動かしたのは、宇都宮の前の宿熊谷宿の旅籠備前屋で、隣室に泊って襖越しに病気になったお国を看病する五平がお国と通じたことを知ってしまったことである。

友之丞はお国にいう。自分を許してほしい、自分は死ぬのは嫌だ、二人でどこか人の知れない国へ行って暮らせばいいではないか。もう自分を解放してほしい。しかしそうすればお国と五平は国許には永久に帰れなくなる。五平はついに友之丞を斬る。

「お国と五平」は、大正十一(一九二二)年雑誌『新小説』の新年号に発表され、その年七月帝劇で、作者自身の演出で十三代目守田勘彌の友之丞、帝劇専属の女優河村菊枝のお国、三代目阪東寿三郎の五平で初演されて以来、歌舞伎のいわゆる「新歌舞伎」——歌舞伎の様式を踏襲しながら書かれた近代戯曲——の演目として定着し、谷崎潤一郎の戯曲中もっとも上演頻度が高い。

私自身も多くの舞台を見て来た。にもかかわらず、私はこの静岡の舞台にこれまでにない強い衝撃を受けた。それはこの時友之丞を演じた奥野亮の好演にもよるが、鈴木忠志の演出が友之丞という人間の深層——それは作者谷崎潤一郎が作品に託した人間の深層でもあるが——を鮮明にクローズアップしたからであった。

それまで私の見た「お国と五平」では観客はお国と五平の側に同情的になる。それはお国の夫伊織が友之丞の卑怯な闇討ちにあった被害者であり、お国と伊織の結婚は祝福されていたからであり、伊織の死後、お国は親族はもとより家中から激励されて過酷な仇討の旅に出発しているからである。たとえ四年の間に五平との間に間違いを犯したとしても(それはまだ世間に知られていない)、社会的に見れば正義(少なくとも当時の社会の認める正義)はお国と五平の側にあって友之丞の側にはない。だから観客はお国と五平の側から事件全体を見てしまう。

ところが鈴木忠志の「お国と五平」では、友之丞の側から事件を見ている。たしかに彼は卑怯な犯罪者かも知れない。しかしその犯罪者の側には、社会的な正義を超えるものがあるのではないか。そういう視点によって友之丞の言い分が舞台いっぱいに膨れ上がった。批判されているのは友之丞ではなくて社会通念としての正義なのである。この一点が在来の「お国と五平」と全く違うところであった。

友之丞はこういう。

「いかにも拙者は人に嫌はれた。——侍の身にあるまじき不所存者、——怠け者で、うそつきで、女のやうに柔弱で、物の役にも立たぬからと云うて、そなた(お国)ばかりか多くの人に蔑すまれた」。しかし「(自分の)気だての悪いのは自分の知つたことではない。拙者は始めから斯う云ふ人間に生れて来」たので、それを「攻めたとて無理ではないか」。(谷崎潤一郎「お国と五平」)

つまり友之丞の主張は、自分が社会に適応できないのは、生まれつき自分にその能力がないからで、そういう適応力を求める社会の方に無理があるのではないか。「生まれつき」だから仕方がない。それを一方的に非難するのは社会の方に問題がある。

昭和二十四年四月大阪歌舞伎座で友之丞を演じた八代目三津五郎（当時簑助）は次のように語っている。ちなみにこの時の演出は田中千禾夫、お国は四代目中村富十郎、五平は十三代目片岡仁左衛門（当時我当）である。

「叔父さん（初演の十三代目守田勘彌は三津五郎の叔父に当たる）のやうに、悲壮的なニヒリズムでやれば簡単なんですが、それではいけないと思つ」て「泣いてゐて嘲つて笑ふやうにやらねばなりません」

（「『お国と五平』座談会」——和敬書店刊『幕間』昭和二十四年六月号所収）

この解釈に谷崎潤一郎が反論した。反論は田中千禾夫の演出に始まって三津五郎の友之丞に及ぶ。谷崎にいわせれば友之丞は、三津五郎の演じているような「時々白い歯を出して妙に笑ったりする」「実に厭な感じ」の男ではない。むろん悲壮的なニヒリストでもない。むしろ自分の性格をごく客観的に、正直に告白している。その上で社会に真向から対峙している。問題は彼の「生まれつき」が社会から疎外される異端であって、ニヒリズムではない。彼は本能（お国への恋慕）のままに生きている。生命の危険に曝されることを承知の上でお国のストカーになったのであり、自分がどうしたいかもわからずに姿をあらわした。ここに本能のままに生きる人間の姿がある。ニヒリズムが介入する余地はどこにもない。

それに対してお国の方は、その行動は社会の規範に従順に見えて実はそうではない。むしろ不正直であり違反している。はじめ彼女は友之丞と結ばれながら（これは密通であった）、友之丞を捨て、次に伊織と結婚し、そして今また五平と本来(身分的にも)許されない関係を結んだ。三人の男と関係を持ったのである。お国の友之丞と五平との関係はどちらも社会が容認しない不義密通である。これを友之丞の告白にくらべればお国の不誠実いうまでもない。

お国と五平が関係を持った事実をもって友之丞が二人に迫るのは幕切れ近くであり、ここに作者の苦心があった。

三津五郎の発言に不満を持った谷崎潤一郎はこう語っている。

お国と五平とが関係があると云ふ事は、友之丞が出て来て「熊谷の備前屋で云々」といふ台辞を云つて素ッ破抜く迄、見物には知らせないやうに(見物の中の心ある人がさうぢやないのかと感付くくらゐな程度に)して置く方が面白く、そのやうに原作は書かれてゐるのですが、今度の演出(田中千禾夫)ではその辺の注意が足らず、どんでんがへしになる前から底が割れるやうなやり方をしてゐます。(中略)そのためにあの芝居の面白味は半減されてゐます。

(谷崎潤一郎「『お国と五平』所感」——観照社刊『観照』昭和二十四年八月号所収)

この谷崎潤一郎の文章は『観照』を主宰していた武智鉄二宛ての書簡という形をとっているために、谷崎の心情が赤裸々にあらわれている。それによればこの「どんでんがへし」こそがこの戯曲の核心をなしている。それは単なる技巧でもサスペンスの方法でもない。これによって今まで圧倒的に優勢に見えていた社会的な規範の側に立つお国と五平が、反社会的な一人の個人である友之丞によって逆転させられるからである。

それによって醜く見えた友之丞の執着と、反対に美しく見えたお国と五平の立場が逆転する。お国と五平も内実は友之丞と変わらぬ本能に生きていたことになり、ということは隠す隠さないは別にして観客のみならずほとんどあらゆる人間に、この本能的な欲望があることを示唆している。ただ友之丞とお国五平二人の違いは、自身の欲求に忠実に生きたか、社会の規範のために隠蔽したかしなかったかの違いしかなくなる。そしてこの逆転が起きた時にお国たちが優位を挽回するために暴力に訴え、社会はその暴力に権利を認めて容認するのである。

鈴木忠志は、その社会体制の実態を暴いた。お国を演じる女優は前をはだけ、肢体をくねらせる。原作の感覚からいえば慎ましく、貞淑に見える武家女房が実は娼婦同様の淫乱な女であることを明らかにした。その事実によって友之丞の立場の優位が鮮明になる。お国は友之丞の同類であり、それを隠している以上より根深いものを示すからである。そこには三人の男を手玉に取った女の正体があきらかであり、そのことによって原作の「どんでんがへし」の核心はより鮮明になり、男女の関係は一転して社会と反社会の、正統と異端の対立になり、女々しいはずの友之丞が社会の矛盾を指摘する立場に立った。

このことによって鈴木忠志は、谷崎潤一郎の「お国と五平」の本当の意味を明らかにし、その意味は普遍的な意味を持つことによって、単なる新歌舞伎の演目ではなく私たちの時代の現代劇にしたのである。

「お国と五平」が終わった時、私は、社会の規範とはなにか、倫理とはなにか、本能とはなにかを思わざるを得なかった。その印象が次の「或る調書の一節」に至ってさらに鮮明になる。

「或る調書の一節」は、すでにふれた通り対話体の短編小説。対話は男二人AとBでほとんど戯曲といってもいい。Aは検事、Bは容疑者。すでに賭博で三回、窃盗で二回、強盗で三回の前科がある。さらに今、二人の女性殺害の容疑で逮捕されている。一人は菊栄というもと芸者。囲っていたのに自分に無断で旦那を取ったために大森海岸で殺した。もう一人は三河屋という商家の娘で、これはほとんど行きずりに殺した。Bはその他にも女がいて、新宿の女郎を身請けして渋谷の道玄坂に鳥屋の店を出させている。

女房はEといい、問題はこの男と女房の関係である。男は悪事をする度に必ず一部始終を女房に打ち明ける。そうすると女房はさめざめと泣いてどうか自首して下さいという。その泣いている女房の顔を見ていると、ほかの情婦たちとは違って器量の悪い、色も浅黒い顔立ちの、普段はどんより曇っている女房の目が急に涙に洗われて清浄になって輝きだす。そしていつもは殴ったり蹴ったりしている女房が愛おしくなって来て自分も思わず泣いてしまう。それで実にいい気持になる。男がいうには、自分は悪事そのものが面白くって止められないし、女房がそういったからといって自首する気もなく反省もしない。にもかかわらずあの女房と一諸に泣く快感が忘れられない。泣いているうちに、どうせ現世では無理だろうが、あの世では救われるに違いないという気持ちになる。これがどうしてだかわからないが、自分はこういう生まれつきだから仕方がないと思ってしまう。自分の行動が生まれつきだから仕方がないという点で男は友之丞と重なり、しかし友之丞とは違って彼を超えてある種の宗教的な感情に到達する。

むろん男は犯罪者であり殺人犯である。その点は当人がよく意識しているように反社会的な人間であるが、その反社会性のゆえにこそ宗教的になる。友之丞は社会と闘い、一度は社会に勝つが結局は殺され抹殺されて、お国と五平の敵討ちの犠牲になる。それは前近代の徳川幕藩体制によるだろう。もし友之丞がもっと別な社会体制——たとえば現代のような社会に生まれていれば、たとえ嘘つきであろうとも、女々しかろうとも、嫌われ者として追い詰められることも殺されることもなかったろう。むしろその本能のままに生きた根本が認められたに違いない。


「或る調書の一節」の男は、前科数犯であり殺人犯だから、友之丞と違ってどんな体制であっても死刑は免れがたい。死刑廃止の国家でも終身刑は避けることが出来ない。

二人は同じように死を目前にしながら、その間には決定的な相違点が一つある。それは彼らが直面し闘っている対象が違う点である。友之丞は社会の倫理と闘っている。それに対して男が闘っているのは、眼前の社会ではなく、来世を含めた世界である。たしかに彼は性的にはマゾヒストであり、サディストである。しかしこの男について谷崎潤一郎が描いたのは体制の問題でも正義の問題でもなく、人間の絶対的な悪と善の問題なのである。彼が女房をいたぶり、女房が泣くと自分も泣いて好い気持ちになるというのは、変態性欲ばかりではなく、彼がほとんど宗教的な悪と善を考察しているからである。彼は悪と善が絶対的なものでありながら同時に別々のものではなく、悪があるからこそ善があり、善があるからこそ悪が成り立つという相対的な概念であることを知っている。だから悪事を止められないといいながら、同時にほかの情婦と違って不器量な女房を必要としているのである。友之丞の社会との闘いの後に、男のこの善と悪、さらにその救済という問題に至るのは、友之丞の問題が現実の問題であるのに対して、男の問題はその延長線上において形而上的な問題に至っているからである。

鈴木忠志のこの作品がすぐれているのは、友之丞の投げかけた批判が男によってはじめて完結し、谷崎潤一郎の作家の精神が鮮明になると同時に現代にも通じる普遍的な広がりを見せたからである。「お国と五平」が終わって「或る調書の一節」になると蔦森皓祐の作家喬三(谷崎)が今度はAつまり検事になって男を尋問する。鈴木忠志は原作の小説の具体的なところを削って、男と女房の関係に絞って、この友之丞と男との対比、接続を明らかにしている。

最初は舞台下手で、Aの質問にボソボソ答えていた加藤雅治の男Bが、いよいよ女房Eとの件になると——ことに女房の目が涙でキラキラ輝くというところから、女としての魅力のない彼女が自分に仏の存在を感じさせるというところに差し掛かると、だんだん男自身の顔が輝いて、そこに何者かが降臨するかの如きオーラを舞台いっぱいに発散する。そこで舞台は全編のクライマックスに達する。人を殺し、その殺しを女房に告白しなければ法悦に達しないというのは、むろん男の勝手な変態的な感覚であるが、しかしそこに一片の真実があることも否定できない。

その男の告白は私に「善人なほもて往生をとぐ、いはんや悪人をや」(「歎異抄」第三章)という言葉を思い出させた。この法然の言葉は「他力本願」の信仰を前提にしている。すなわち善人は善行を積んではいるが、これで往生できると思っているために仏に縋るという意識が薄い。それに対して悪人は自分の悪を意識しているから強く仏に縋る。他力本願という見地に立てば善人よりも悪人の方が往生への契機を強く持っているというのである。さらにこの法然の言葉の背後には、善人でさえ結局は仏に縋らなければ往生出来ないという人間観がある。どんな善人にも実は暗部があるからである。この人間観を思えば男Bの個人的かつ変態的な行動は一挙に人間全般に通じる普遍性を持つ。男Bや友之丞の行動が世間の常識を覆して私たちを撃つのはそのために他ならない。

男Bの告白はまさにこの逆説を眼前に生きて衝撃的であった。彼の顔が光り輝いてきたのである。

芝居が終わって劇場の外へ出ると、すでに春の夕暮れが辺りに迫って、富士山も桜も夕靄に沈んで少し冷たい風が上気した私の頬を打った。

11

「帰ってきた日本」
——日本人論

「帰ってきた日本」
(左より)藤原栄作，塩原充知，石川治雄，植田大介，齊藤真紀，新堀清純
1994年 7月初演(新利賀山房)／写真提供：SCOT

「帰ってきた日本」は、鈴木忠志の作品のなかでは異色の風刺喜劇である。二〇一〇年の夏、利賀山房でこの作品を見た時、私は大いに笑い、大いに衝撃を受けた。どちらかというと深刻な悲劇の多い鈴木忠志の作品のなかで、これは角書きに「前衛漫画劇」とあるように徹底的な喜劇であり、鈴木忠志にしては珍しく直接的に政治現象を扱っている。

現にこの芝居を見終わって利賀村から東京へ帰った数日後、あの尖閣諸島事件が起こった。御承知の通り、尖閣諸島は沖縄の南にあり、それまで個人の所有地であったものをこの年日本政府が国有地化し、それに対して中国政府が、その領有権を主張して艦船を派遣して、その主張を現実化しようとした。そのために日中関係が悪化。一時は緊張が流れたばかりか、その後も問題は解決していない。鈴木忠志の「帰ってきた日本」は、この事件をあたかも予見するかの如く、日本を囲む国際情勢についての鈴木忠志の洞察は現実的であり、その核心を突くものであった。しかしその一方でこの核心の的確さは「日本」とは一体何かという問題に深く由来していたことはいうまでもない。

舞台は精神病院の一室。登場人物全員が患者である。「日本の落ちこぼれ」と呼ばれる男を母親「日本の母」が介護するところで幕が開く。彼らは大根めしを食べながら「沓掛時次郎」を治療のために演じている。

「沓掛時次郎」は昭和三(一九二八)年に書き下ろされた長谷川伸の初期の股旅物で、新国劇の沢田正二郎によって初演され、その後歌舞伎に入って十五代目市村羽左衛門が上演、映画や大衆演劇でも頻繁に上演されるようになった、長谷川伸の代表作の一つである。やくざ物のなかでも「股旅物」と呼ばれるアウトローの、いわゆる「旅人」という漂泊の人間の世界を描いている。

序幕が六ツ田の三蔵の家。

三蔵の親分中ノ川は逮捕され、そのために子分は散り散りになり今はわずかに三蔵一人のみになった。このスキを見て中ノ川一家の縄張りを奪おうとした中ノ川に敵対する親分が数人の刺客を三蔵の家に向かわせた。その中の一人に沓掛時次郎がいた。時次郎はなにも知らず数日前にこの一家に草鞋を脱いだ。一宿一飯の恩義。やむを得ずこの追手に加わったのである。

三蔵には女房お絹と一子太郎吉がいる。家族を守ろうとする三蔵は、抵抗するが卑劣な子分たちはこの家族を痛めつけようとする。それを見た時次郎は子分たちを責め、結局三蔵を斬る。しかし虫の息の三蔵に男と見込んでお絹と太郎吉母子を託される。敵味方は時の運。それをこえてやくざにはやくざなりのルールがあり、正義がある。それを「仁義」といい、この「仁義」をうたった北島三郎の歌が舞台に流れる。

原作の戯曲は、これが序幕で、そのあとに時次郎、お絹、太郎吉の長い旅がつづくのだが、鈴木忠志は、この序幕だけをクローズアップした。すなわち三蔵は「日本の落ちこぼれ」、妻お絹は「日本の母」、敵対するやくざを「アジア兄弟会」、その親分は「アメリカ」、刺客は「韓国の渡世人」。つづいて「モンゴル」、「ベトナム」の渡世人。時次郎は「中国の渡世人」になった。なぜ「アジア兄弟会」の親分がアメリカなのかはよくわからないが、「アジア」にアメリカが大きな影を落としている現実はこの人物配置によってあきらかだろう。

この舞台には病室の地球儀が使われているが、地球儀を使うまでもなく、この「アジア兄弟会」をめぐる抗争が、現在のアジア、太平洋各国の国際情勢のカリカチュアであることは一目瞭然であり、そのなかでの渡世人たちの動きは滑稽をきわめていて、大笑いであった。


しかし笑ってばかりいられないのは、この国際情勢において「日本の落ちこぼれ」が示す「孤立」であった。なぜ六ツ田の三蔵がこのやくざの食うか食われるかの状況のなかで孤立しているかは当然だれにでもわかる。鈴木忠志は三蔵の孤立に託して現在の日本が国際情勢のなかで無為無策、主体性のない「落ちこぼれ」という事実を描いた。三蔵はもはや絶体絶命であるが「日本」もまた同じ。しかも三蔵同様日本には何ら局面を打開する能力も、そしてなによりも戦略も論理もない。そこがまさに「落ちこぼれ」の理由でもある。だが、三蔵はすでに死を覚悟しているのに、日本はその死——滅亡さえ覚悟していない。状況が読めないからである。そして驚くべきことに、「落ちこぼれ」は「中国の渡世人」に全てを託するしかないのである。

それならばなぜ時次郎は「中国の渡世人」になったのか。

「日本の落ちこぼれ」の唯一の行動原理である「仁義」がそもそも中国産だからである。

中国の儒教は日本に渡って何千年にもわたって日本人の行動原理を支配した。しかしその影響力は今日どこにもない。むろん中国本土にもないことはいうまでもないが、それはまた別な問題である。

いや、「中国」は「衣食足りて礼節を知る」を捨てて「衣食」が足りるために強権主義に走った。儒教の教えの代わりに強権主義をもって「アジア兄弟会」の覇者になって、いまや親分のアメリカにとってかわろうとしている。その象徴が、この作品の後に起きた尖閣諸島の問題である。

それでは日本はどうか。中国のような強権主義はむろん、なにももたなかった。それを鋭く突いたのはこの次の場の北島三郎の「仁義」を背景にした「演歌好きの看護婦」と「郷愁の知識人」と「若きスケベ医者」の対話である。この部分は司馬遼太郎と奈良本辰也の対談(『司馬遼太郎対話選集2　歴史を動かす力』)から引用されている。

「郷愁の知識人」は、「演歌好きの看護婦」が「心がけや美を非常にやかましくいう」という指摘に対してこういう。

「その美を理論化し、思想化しようとすると、君たちはまったく幼稚であどけなくて、つじつまのあわぬことを言う。君たちのいっていることは理屈が通らんじゃないかという　と、それでも私たちは正しいんだという顔をする。よく聞いてみると、どうやら君たちの　根には美があって、君たちを動かしているのも美であって、僕らよりもまだ日本人のような気がして来るよ」

この三人も患者なのだが、その指摘は的確である。「郷愁の知識人」は「看護婦」の「演歌」を直接に批判しているのだが、間接的には日本人の行動原理に対する批判であるのはいうまでもない。

たしかに日本人は「美」を「理論化」し、「思想化」して、それを行動原理にしてきた時代があった。たとえば江戸時代。しかしいかに「美」を強引に理論化し、思想化しようとしても、芸術の世界ならばともかくも、政治や経済、ことに国際情勢のなかでなんの役にも立たないことは当然である。

それどころか日本人はそのために新しい政治思想を生むことが出来なかった。中国が儒教を捨てても強権主義に走ったようなことが日本に出来ないのは、その一方でこの潜在的な感覚のために思想的行動不能に陥っているためである。

その証拠にその「美」は、社会のアウトローのやくざの「仁義」としてのみ、今日に残った。その事実は政府の無為無策を示すと同時に日本人のコンプレックスとしてその行動原理の深層に残ったのである。「仁義」という演歌はその日本人の思想的な風土の象徴にほかならない。

鈴木忠志が長谷川伸の戯曲を取り上げ、しかもそれによって描こうとしたのは、その思想的風土の深層であった。私が大いに笑いながら、一方で大いに衝撃を受けたのは、そのような深層が舞台に鮮明に描かれたからにほかならない。大いに笑うと同時に足元をすくわれるような痛烈な衝撃であった。

しかしさらに舞台は展開する。

「沓掛時次郎」の三蔵の家の場がもう一度繰り返され、「日本の落ちこぼれ」はもう一度殺される。なぜそれが必要か。それは三蔵の死が繰り返されるその瞬間にある。そこからドラマは「沓掛時次郎」から同じ長谷川伸の戯曲「関の弥太っぺ」に転換し、沓掛時次郎は関の弥太郎になる。

さて三蔵は「沓掛時次郎」と違って女房子供を関の弥太郎に託すわけではない。弥太郎を立派なやくざ、男のなかの男一匹と見て堂々と一騎打ちの勝負をする。そして弥太郎に斬られる。そこへ三蔵の弟分森介が駆け付けて来て、三蔵の遺言を聞く。三蔵は自分を斬った弥太郎を立派なやくざだといい、森介にお前もああいう立派な男になれといって死ぬ。

三蔵の遺言を守った森介は弥太郎の子分にしてくれというが弥太郎は聞かない。そこで兄貴の敵と切りかかるが軽くいなされてしまう。

ここでは、三蔵が「日本の落ちこぼれ」であることには変わりがないが、関の弥太郎は「中国の渡世人」、森介が「インドネシアの渡世人」になる。三蔵を襲う刺客には、前の三人に加えて「朝鮮の渡世人」が加わる。しかし「中国の渡世人」は「インドネシアの渡世人」森介を振り切って行ってしまう。

それを眺めていた「朝鮮の渡世人」は、日本には大きな「おでき(腫瘍)」があるといい、また将来「知的存在が日本に帰ってく」るかもしれないが、それはどのみち「おでき」が排除されたあとだろう、それまでは廃墟だという。その絶望のなかに幕が下りる。

この「朝鮮の渡世人」の部分は、サミュエル・ベケットの「勝負の終わり」であるが、この結末によって日本の荒涼たる思想的風土、やくざの「仁義」にのみ残る「美」、政治の空洞化、絶望的な日本が鮮明に浮かび上がる。私たちはその日本の現状に慄然として客席に取り残される。

翌年の夏、私は再び「帰ってきた日本」の第一部なるものを見た。その前年見た「帰ってきた日本」は、『鈴木忠志演出・台本集Ⅲ』では第二部で、この翌年の夏に新しく作られた部分が第一部になっている。

この第一部は、同じ長谷川伸の「瞼の母」であり、前年の冒頭の「日本の母」から脈絡を引いている。前年が国際編だとすればこれは日本文化の国内編とでもいうべきものである。

「沓掛時次郎」や「関の弥太っぺ」が新国劇によって初演されたものであるのに対して「瞼の母」は、昭和六(一九三一)年三月東京明治座で十二代目守田勘彌の番場の忠太郎、三代目尾上多賀之丞の忠太郎の母で料理屋水熊のおはまによって初演され、その後新国劇の演目になった。作者自身の告白によれば、幼い時実母に別れ、その後実母に再会した体験が下敷きになっているという。そのために母が死ぬまでは上演を禁止した。

中仙道の番場宿に生まれた忠太郎は、砂村の金町の半次とともにやくざの抗争に巻き込まれ、今は追手に追われている。半次は砂村の実家瓦屋の母おむらと妹にかくまわれていたが、そこへ襲ってきた追手を忠太郎が殺して半次を救った。

忠太郎は、半次をかばう半次の母の姿を見て、音信不通の自分の母を探して江戸へ出る。忠太郎の訪ねる母は、今は女手一つで娘お登世を育てて両国の大きな料理屋「水熊」を経営する女将おはまになっていた。しかしおはまは、ヤクザ姿の忠太郎を見て冷たく追い返す。店のためにも一人娘のためにもならないと考えたからであった。娘のなぜそんなことをするのかという言葉に目覚めた母は、忠太郎を追う。しかし忠太郎はその姿を見ても母に会わない。自分の母は瞼の内にこそいるとつぶやく。

鈴木忠志は、この長谷川伸の戯曲をもとに大きな改変を行った。主人公は番場の忠太郎から「ニッポンジン」に役名がかわり、題名も「ニッポンジン――「瞼の母」より」となった。前作「帰ってきた日本」から「ニッポンジン」へ。つまり前作が国家としての「日本論」だとすれば、今度は「日本人論」へと移行したのである。「日本論」はその時の政治状況によって左右されやすい側面を含んでいる。たとえば日本をめぐる国際情勢は日々に変化するだろう。しかし「日本人論」はその民族の、ある意味で普遍的な歴史を含んでいて、その精神風土は一朝一夕では変わらぬものであり、より本質的なものを含んでいる。

そのために『鈴木忠志演出・台本集Ⅲ』では二〇一〇年八月に初演された作品が第二部になり、二〇一一年八月つまり一年後の「ニッポンジン――「瞼の母」より」が第一部になったのかも知れない。

原作と変わったのは番場の忠太郎だけではない。金町の半次は「大介(この時この役を務めた俳優の名前)」となり、半次の妹は「看護婦」になった。そして最も大きな改変は半次の母と忠太郎の母が「日本の母」になったことである。原作では全く違う二人の母親役を一人の女優が演じることになった。むろん金町の半次の家と、そのあとの水熊の座敷とでは違うシーンだから一人の女優が二役を兼ねているという配役もあり得ないわけではないが、二人の母親が「日本の母」として統合されたのは、実はこの女性が「日本の母」という抽象的なイメージを持ったためである。

これは長い「瞼の母」上演史のなかでも画期的なことであった。たとえば私が最初に見た歌舞伎の「瞼の母」では、十七代目中村勘三郎の番場の忠太郎に対して、半次の母おむらは歌舞伎の名脇役六代目市川団之助であり、水熊のおはまは新派の名女形喜多村禄郎であった。団之助と喜多村はジャンルが違う。したがって芸風の違う人であり、その後も両方の母を一人の役者が務めるという例は全くなかった。それを鈴木忠志は一つにした。なぜだろうか。実は、ここにこそ鈴木忠志が考える「日本人とはなにか」――つまり日本人論があったからである。

長谷川伸の原作によれば、半次の母は必死で息子をかばう、気の強い女である。彼女はひたすら息子を愛していて、その愛情はほとんど動物的な本能の、母性といってもいい。これが本来の母親の愛といってもいい。長谷川伸はごく普通のどこにでもいる母親を書き、しかし同時に母親を訪ね歩いた自身の体験に根ざした理想の母親像を書いたのである。

それに対して対照的なのは水熊のおはま。番場の忠太郎の母親であった。彼女は中仙道の番場宿の沖中屋《おきなか》に嫁いでいた事実を認めながら、忠太郎を死んだと聞いているといって認めない。その後に生まれた一人娘に、この水熊の身代を譲ろうとして、突然訪ねて来たヤクザ姿の男から守ろうとしている。彼女が忠太郎を認め受け入れようとするのは、忠太郎が帰った後、娘にその不人情をなじられてからである。忠太郎にすれば、おはまは自分を切り捨てる冷酷な母である。

半次の母おむらと忠太郎の母おはま。二人の母、母親というものの二つの側面——感情的な愛情と利害打算のために冷酷な自分本位の、二つの母親像を対照的に描いている。その対照は鈴木忠志が二人を「日本の母」として典型化し、同じ女優に演じさせた時にはじめて鮮明になった。多くの「瞼の母」を見て来ても、この二人の母親が一対になっているという事実はほとんど感じることがなかった。

しかし問題はその先にあって、このプロセスのなかで忠太郎がこの冷酷な母親の存在を否定したところにある。忠太郎は現実の母親に絶望して、瞼のなかに生きている母の幻想を信じる。それはおはまの、というよりも母親のイメージ化であり、そのイメージ化は、現実の母親の否定——不在を前提にしている。そしてこの現実の幻想化、現実の不在こそが重要なのである。

日本は古代から母系制社会によって成立してきた。その母系制社会の根幹は、現実の母親ではなく、母親のイメージ化によっている。不在だからこそ社会思想として制度化が可能だったのである。現実の母親を否定してイメージ化しなければ、社会制度の基盤としての観念をつくることは出来ない。それには現実の母親の不在化こそが欠くことの出来ない前提であり、この不在が個別の母親への感情を生々しく残す作用として働いたのである。この観念操作が母系制社会を成立させ、今日まで日本を支配することを可能にしたのである。

この構造はまたタテマエとホンネの二重構造を定着させる。忠太郎は現実のおはまを否定しながら、最後に「おっかさん」とつぶやく。おはまもまた一度は忠太郎を追い返しながらその姿を探して「忠太郎ッ」と叫ぶ。不在の母を求める息子と不在の息子を求める母は、ともにタテマエとホンネに生きることになる。これが「母」をイメージ化した結果に他ならない。

齊藤真紀の演じた「日本の母」は、半次の母おむらと忠太郎の母おはまという二役を演じ分けたのではなく、二人の母の違いを鮮明にしながら、同時に二人の母を統合した「日本の母」を演じた。そのことによって「日本の母」が自然の母性をイメージ化し、一方でその不在によって母系制社会の観念に至るプロセスを演じたのである。

かくして長谷川伸の人情やくざ劇は一変して、日本の文化の深層構造を明らかにする「日本人論」のドラマになった。おそらく長谷川伸はそこまで意識してこの戯曲を書いたわけではない。おむらやおはまを演じた名優たちも意識しなかっただろう。この人情やくざ劇を、鈴木忠志が「日本人論」としての「ニッポンジン」というドラマにしたのである。

ここに鈴木忠志の「日本人とはなにものか」という答えがあり、その答えが衝撃的な舞台を作ったのである。

12

「サド侯爵夫人(第二幕)」

「サド侯爵夫人(第二幕)」
(左より)佐藤ジョンソンあき，齊藤真紀，内藤千恵子，鬼頭理沙
2007年 6月初演(静岡県舞台芸術公園「楕円堂」)／写真提供：SCOT

三島由紀夫の「サド侯爵夫人」は全三幕からなる。

第一幕は一七七二年秋。パリのサド侯爵夫人ルネの母親モントルイユ夫人の客間。パリの高等法院は猥褻事件を起こして行方不明のサド侯爵に容疑者不在のまま死刑を宣告した。侯爵夫人ルネの母親モントルイユ夫人は、サド家の名誉のために侯爵の赦免を、宗教界に顔のきくシミアーヌ男爵夫人を通して法王庁へ、国王の側近サン・フォン伯爵夫人を通して高等法院への働きかけを頼んだ。

そこへ娘ルネが来る。つづいて妹のアンヌがやって来て、サド侯爵の隠れ家があきらかになる。娘二人が自分に隠してサド侯爵を庇っていることを知ったモントルイユ夫人は、ついさっき二人の友人に頼んだ赦免運動を取り消し、自分自身で国王にサド侯爵逮捕を要請するために宮廷に向かう。

第二幕はそれから六年後。六年前にモントルイユ夫人の密告によって逮捕され収監されたサド侯爵は、ルネの手引きで一度は脱獄するが再び逮捕されて収監されている。ところがついにその赦免状が出て、母と娘二人は和解して喜ぶ。しかしそれは母親のさらなる陰謀であって、高等法院から釈放されたサド侯爵は、その場で国王直属の検察官に再逮捕される。サン・フォン伯爵夫人からこの母親の陰謀を知ったルネは、侯爵と離婚することを勧める母親に対して断固離婚を拒否して、「アルフォンス（サド侯爵）は私だったのです」という。

第三幕は、さらに十三年後。一七九〇年四月、フランス革命真只中である。王制は崩壊し、貴族は多く国外に逃亡。アンヌ夫妻もイタリアに逃れるため、母親を誘いに来るが、モントルイユ夫人は動かない。今や社会の形勢は逆転し、今度こそ釈放される予定のサド侯爵は革命勢力に強いコネがあることを知っているからである。しかしルネは、いよいよ夫が釈放されて門口に来ても面会せず、修道院に入ることを決意する。

三島由紀夫は、この戯曲を書いた意図をこう語っている。

私がもっとも作家的興味をそそられたのは、サド侯爵夫人があれほど貞節を貫き、獄中の良人に終始一貫尽していながら、なぜサドが、老年に及んではじめて自由の身になると、とたんに別れてしまうのか、という謎であった。この芝居はこの謎から出発し、その謎の論理的解明を試みたものである。

（「跋（『サド侯爵夫人』）」——新潮文庫『サド侯爵夫人・わが友ヒットラー』所収）

「謎」はどう解かれたか。

第二幕で、ルネは「アルフォンスは私です」といった。ルネは猥褻な事件のなかでも夫と一体だった。ところが夫は獄中で「ジュスティーヌ」を書いた。その女主人公はルネそのままであり、これを読んだルネはかつていった「アルフォンスは私です」は間違っていたことを知った。彼女は、今や「ジュスティーヌは私です」が正しいという。自分は物語のなかに閉じ込められてしまい、夫はその物語の外にいる。現実の二人はもはや一体ではなく、一体になって行動する存在でもなかったからである。

それでもルネは夫のイメージを理想化しようとする。

終幕近くルネの語るサド侯爵は敵の血の飛沫を浴びながら、輝く甲冑を見に付けた騎士の姿であった。しかしそれはあくまで観念にすぎない。夫が自分の姿を物語にイメージとして閉じ込めようとしたように、妻が描く夫の理想のイメージであった。

イメージは現実によって破られるのである。

門口にあらわれた、釈放されたサド侯爵は、見違えるほど汚れた「物乞いの老人」のような姿だと女中に報告される。それを聞いたルネは「お帰ししておくれ、そうして、こう申し上げて。『侯爵夫人はもう決してお目にかかることはありますまい』と」という。

つまり三島由紀夫が「謎」とした、貞淑な妻ルネがサド侯爵と別れる「論理的解明」はこのようなイメージの転換によっておこる。しかしそのイメージを支えるのは言葉であって、言葉がこの「論理的解明」を支えるものなのである。

そう、この戯曲はせりふによってのみ「論理的」体系をもった特異な作品なのである。

三島由紀夫は続けてこういう。

サド夫人は貞淑を、夫人の母親モントルイユ夫人は法・社会・道徳を、シミアーヌ夫人は神を、サン・フォン夫人は肉欲を、サド夫人の妹アンヌは女の無邪気さと無節操を、召使シャルロットは民衆を代表して、これらが惑星の運行のように、交錯しつつ廻転してゆかねばならぬ。（同上）

というドラマなのである。三島由紀夫は、このせりふのみによって構築された繊細な楼閣をつくって、それぞれ五人の女性の「代表している」観念の葛藤のドラマを描いた。

そこでこのせりふがどのように作られているかを見なければならない。ここでのせりふは三つの全く異なる次元の言語によって構成されている。

第一は、日常的かつ現実的な対話の言語。たとえば第二幕冒頭のルネとアンヌの会話。

ルネ　アンヌ！
アンヌ　お姉さま！　いいおしらせよ！
ルネ　まあ、アンヌ、いきなりそんな……
アンヌ　（巻いた紙（サド侯爵の赦免状——渡辺註）を高くかかげて）ほしかったらあげるわ。
ルネ　じらさないで！　アンヌ。
アンヌ　ほら、こっちよ。
ルネ　いやな人！

これはごく普通の日常的な会話であって、近代劇が目指してきたリアリズムそのものである。

第二は、語りの言語である。たとえばサン・フォン伯爵夫人の長ぜりふ。

サン・フォン　黒い柩《ひつぎ》の布の上に、私のまっ白な裸が仰向けに寝かされました。私は目を閉じて自分の裸が、どんなに白く美しく輝き渡っているかを感じました。目を閉じて裸の肌で感じること、世のつねの女がみんな知っているあの感覚から、懸け離れたものは何一つありませんでした。

この長ぜりふはこの後何倍も続いている。この言語は、先ほどの会話とは違って、過去に起きた事件の状景を語る「語り」の言語であり、叙事詩の言語体系である。それは「語り」の言語体系が常にそうであるように、事件の状景を描き出すリアリティをもつ一方、言語そのものとして屹立するものであった。この言語がイメージを描く。あのルネの描いた理想の夫の姿もそれである。
そして第三にもう一つ違った言語があらわれる。観念について語られる言語である。たとえばルネの次のようなせりふ。

ルネ　良人が次に犯す罪を夢み、それをますます不可能の堺へ近づけ、悪徳の限りを究めようと試みながら、一つ一つ手落ちのない計画を立てているときは、きっとこんなだったにちがいないと。(中略)誰にも秘し隠して、その罪の計画をたった一人で練っていたアルフォンスは、世界で一番孤独な人間だった。

一見第二の言語と同じように見えるが、よく読むとここにはサドの悪徳と孤独の実態が描かれている。その実態はイメージではなく、悪徳あるいは孤独という観念について語っている。同じようにして法の正義について、貞淑について、あるいは幸福について語られる。いずれも巧妙に具体的なイメージを伴っているから一見そうは見えないが、これは観念の言語なのである。イメージは私たちがイメージすることができるか、観念は目に見えず、またイメージすることもできない。道徳や正義のような観念を私たちは直接見たりイメージすることはできない。そこにこの言語の特徴がある。

「サド侯爵夫人」はこの三つの言語から成り立っている。日常的な対話から「語り」の言語に至り、さらに観念に飛翔する。この三重の言語の構造によってドラマは瑣末な日常からサド侯爵をめぐる異常な事件に至り、その事件を通して人間のつくる体制——たとえば法や道徳や社会通念とそれに反する人間の深層に潜む本能的なものとの対立を描いて、普遍的な問題に達するのである。

もっとも三島由紀夫の場合、このような三重構造は「サド侯爵夫人」に限ったことではない。しかしその最も成功したのが「サド侯爵夫人」と、そしてこの作品と対をなしている「わが友ヒットラー」であった。この二作は、この成功によって三島由紀夫の代表作になった。少なくとも「サド侯爵夫人」は、あの謎の「論理的解明」として一つの世界を形成し、一つの虚構の体系を示す作品になった。

しかしその論理的な構成の緻密さが成功すればするほど、また上演するのが困難になったことも否定できない。三つの言語を一人の俳優がしゃべらなければならないからである。そこで今までの「サド侯爵夫人」は大抵失敗した。第一の言語の、日常的な言語でしゃべろうとすると第二の「語り」の言語が空疎になる。「語り」の言語で歌い上げれば日常的なリアリティを失う。どちらにしても第三の言語である「観念」へは到達することが難しい。したがって最も大事な第三の言語に至るとまことに空疎な、観念の退屈さだけが舞台の残骸として残った。要するに日常的なリアルさを狙う近代的な自然主義的リアリズム――人間の内面に言語表現の根拠を置く方式では解決できない。かといって前近代的な叙事詩の「語り」の方式でもむろん解決できない。

そこで鈴木忠志はどうしたのか。

まず第一に鈴木忠志は大胆な選択をした。全三幕の戯曲の第二幕だけを「サド侯爵夫人(第二幕)」として上演した。第二幕はすでにふれた通り全編のクライマックスであり、三幕全体のなかでもっとも重要な部分ではあるが、そこだけでは物語の全体を知ることが出来ない。にもかかわらず鈴木忠志が第二幕だけを上演したのは、すでに「劇的なるものをめぐってⅡ」において彼がとった手法と同じく、戯曲を物語の全体から見ることとの否定であった。俳優も観客も物語によって戯曲の意味やテーマを理解することは出来ない。ただ断片的な言語に頼るしかない。それよりも三島由紀夫が目指した「論理的解明」に近づくことがより重要だからである。

もっとも物語の断片化といっても、第二幕の本文そのものはわずかな改訂以外ほとんどそのままであった。そのわずかな改訂にふれると、まず幕開き。正面やや下手よりのきつれ格子の奥に机に向かう男が一人いる。この男が最初の(本文ではルネがアンヌから取り返して読む)エクス・アン・プロバンス高等法院の、サド侯爵釈放の判決文を読む。この判決文が第二幕当時の状況を示す重要な文書だからである。これを男が読むことで、第二幕までの状況がわかって観客がすぐ芝居へ入れるという効果がある。

男はそのあと芝居の進行中ずっと黙って机に向かっているが、最後にルネが「アルフォンスは私だったのです」といって立ち上がった後、たった一言「幕」という言葉を発して幕がおりる。蔦森皓祐のこの「幕」という、裂帛の気迫のこもったピリオドが芝居を終わらせる瞬間は、蔦森の演技によって実に印象的であった。

この男はいったい何者なのか。鈴木忠志の「シラノ・ド・ベルジュラック」でも「別冊　谷崎潤一郎」や「別冊　イプセン」でも登場する「喬三」という名の「作家」である。喬三はこの戯曲つまり「サド侯爵夫人」を灯火のもと、机に向かって書き続けている「作家」自身であり、いま、作家によって書かれつつある戯曲が、作家の幻想から舞台前面に出現し、同時進行によって演じられているのである。この設定に従えば、どんなに激しい感情も相対化され、お芝居として虚構化される。そこに鋭い批評性が生まれた。

私はこの作品を静岡の山のなかにある楕円堂の初演以来、富山の利賀山房、東京の吉祥寺シアターと何回か見て来た。そのなかでもっともすぐれていたのは二〇一七年九月の利賀山房の舞台であった。磯崎新設計の利賀山房の古民家の黒光りした柱、床、そして奥のきつれ格子の向こうのほのかな灯火にうかぶ男の横顔、その前の舞台で演じられる女優四人の芝居が、緊密感あふれるものであった。ここで繰り広げられるドラマはまさしく一幅の絵であり、その洗練された美的な感覚に於いて三島由紀夫と鈴木忠志が近代的な秩序のなかに生きていることを示していたが、それと同時にこの構造は、まさに一人の作家の幻想であることを示すことで、三島由紀夫のつくった「論理的解明」の言葉の楼閣を批評するものでもあった。

もう一つ鈴木忠志が台本を改訂したのは、サン・フォン伯爵夫人の来訪を取り次ぐ召使シャルロットのカットである。シャルロットは第三幕の幕切れではサド侯爵の来訪を告げ、その姿を描く重要な役であるが、第二幕ではさほど重要な役ではないから問題にならない。

それよりも重要なのは、以上二ヶ所の戯曲の改訂のほかに鈴木忠志が演出上行った改訂である。一つは四人の女優の衣裳、もう一つは女たちの出と引込みに使われる演歌である。これもまた鈴木忠志がほかの作品で試みたものであるが、三島由紀夫の緻密で計算されて整然とした戯曲においては異様だったことも事実であった。

三島由紀夫の戯曲ではロココ調のフランス十八世紀の女性たちの衣裳が想定されている。それに対してこの舞台に登場した女優四人の衣裳は日本の振袖あるいは江戸褄を洋風に仕立てたものであり、全員素足であった。

この衣裳と演歌が、三島由紀夫が激しく非難した日本の新劇の翻訳劇――いわゆる赤毛ものの物まね演技に対する批評であることはいうまでもない。しかもそれを逆手にとってこの戯曲を書いた、その三島由紀夫自身への批判でもあった。この戯曲は、海外でも上演されているが、その舞台と比較して見るとよくわかる。たとえばジャン・ルイ・バロー一座のフランス風俗にピッタリはまった舞台や、スウェーデンのイングマール・ベルイマン演出の批評性あふれる舞台とは全く違った意味で戯曲を相対化したのである。たしかに鈴木忠志は感覚的には三島由紀夫の近代主義に近いところから出発しながら、このような衣裳と演歌によって三島由紀夫が想像しなかった相対化を成し遂げたのである。

こうした改訂を経て、鈴木忠志はなにを目指していたのか。四人の女優になにを要求して、どういう成果を得たのか。それこそまさしく三島由紀夫の描いた三重の言語の身体化であった。

第一の言語は新劇の俳優にもできる。近代的な心理主義、人間の内面にその表現の根拠をおくことで十分に可能だからである。しかし第二の言語「語り」はそれでは解決できない。現に過去の「サド侯爵夫人」でこれに成功したのは、初演以来のモントルイユ夫人であった南美江、その後にルネを演じた玉三郎、麻美れいであった。南美江は新劇女優であったが、文学座でその創立者の一人久保田万太郎の独特な「語り」に慣れていたからであり、玉三郎は歌舞伎の女形として、麻美れいは宝塚歌劇の男役として、自分の演じている人間を客観的に造形する距離感をもっていたからである。

そこを克服するにはどうするか。

鈴木忠志は、新劇とも歌舞伎とも宝塚とも違って、まず物語を解体し、作家の幻想を相対化し、衣裳と音楽を戯曲から切り離した。そうなれば女優はひたすら言語の断片に生きるしかない。しかしその言語には三重の構造がある。言語に生きるというのは、その構造に生きるということである。ある時は日常的現実的に、ある時は音吐朗々と叙事詩を語り、またある時は観念の世界に飛翔しなければならない。この三重の構造を生きるためには言語の深層と交錯しなければならない。それには言語を身体化しなければならない。

二〇一七年の九月、利賀山房でサン・フォン伯爵夫人の内藤千恵子、モントルイユ夫人の齊藤真紀、ルネの佐藤ジョンソンあき、アンヌの鬼頭理沙の四人の女優は、この言語の身体化に成功したのである。彼女たちはひたすら断片的でさまざまに変化する言語を生きた。

言語の身体化とはなにか。それは身体の言語化であると同時に言語の身体化でもある。俳優が他人——作家の書いた言語を生きようとすれば、まずその言語を自分の言語としなければならない。言語を自分の身体で捉え直さなければならない。そのことを通して俳優は言語の主人になるのであって、言語をみずからの所有物として支配する。しかしそのことが成就した時に、今度はそこで言語が俳優の身体を所有するという逆転が起きる。身体の言語化は同時に言語の身体化になるのである。この契機によってこそ言語それ自体が空間に自立し、そこに生きた言語の身体からあふれる、言語の生命とでもいうべきものが造形される。言語は自立することによって、言語を超えるものになるのである。そうなってこそはじめてその多様な側面をあらわし、それによって三島由紀夫の目指した第三の言語つまり観念に飛翔する。

すでにふれた通り、三島由紀夫は最後にルネが侯爵を拒否する、その謎の「論理的解明」のためにこの戯曲を描いた。その「論理」こそが観念の結果なのである。四人の女優たちはある時は下世話に日常的なおしゃべりを繰り返し、ある時は猥褻な、性的な事件の顚末を叙事詩の如く語り、またある時は論理的な観念の世界に飛翔する。そういう三島由紀夫の三重の言語を生きた。それは身体化によって、三島由紀夫の言語の多面性を生きたからであった。

なぜ四人の女優がそういうことを可能にしたのか。それは鈴木忠志の演出の成果であり、彼女たちの訓練の成果だろう。

世間では、その演技の強度をあたかも鈴木忠志の俳優術の特殊性のようにいう。「鈴木メソッド」。しかし私はその俳優術が特殊なものだとは思わない。私は一観客に過ぎないから「鈴木メソッド」がどういうものかを詳細に知っているわけではない。しかし「鈴木メソッド」によって訓練された俳優の演技を見る限り、そこには二つの重要なポイントがあると思う。一つは腰、もう一つは呼吸法である。鈴木忠志の訓練を受けた俳優のその演技の描線が強く、分厚いのは、この腰の強さと呼吸法の正確さにある。腰と呼吸法が俳優の集中に欠かせないのはいうまでもない。そしてそれが言語を空間に造形するときの強度を支えているのは間違いないだろう。

もしこの推測が正しければ、この方法論は決して特殊なものではない。能狂言でも歌舞伎でもこの二点は修行の重要なポイントであり、演劇の基本である。それを徹底して行うというところに「鈴木メソッド」の要点があるとすれば、これこそもっとも正統的な俳優術であって特殊でも何でもない。もしそれが特殊視されるとすれば、それは一方において近代のリアリズムによって無視され、その結果、能狂言や歌舞伎においてさえ、今日ここまで徹底的にこの訓練を受けた人が少ないという事情によるだろう。

齊藤真紀や内藤千恵子や佐藤ジョンソンあきが、その演技において往年の白石加代子たちに匹敵する強い描線をもっているのは、この訓練によって白石加代子が南北や鏡花の言語を生きたように、今日三島由紀夫の言語を生きているからに他ならない。

彼女たち四人の女優のなかに私が見たのは、下世話な日常のおしゃべりから身を起こして、事件を語ってその核心に迫り、ついには観念にまで昇華していく言語そのものの変化の自由さであった。それは佐藤ジョンソンあきのルネが母親や妹、そしてサン・フォン伯爵夫人と闘いながらついに幕切れに至って「アルフォンスは私だったのです」という言語によって変身するドラマそのものであった。

たしかに一般の常識からいえばアルフォンスは怪物に違いない。その常軌を逸した行動の、社会からの逸脱といい、あらゆる規範を否定する思想といい、化け物である。しかしルネは、第三幕で娼婦になり、革命の嵐のなか群衆によって無惨に殺されるサン・フォン伯爵夫人の姿に象徴される、その言葉をなぞってルネは変身する。この変身の意味は、実は社会の規範に抑圧されている私たち自身のなかにある。ということはだれもが持っている人間の暗部なのである。私たちはそこに本来目では見ることが出来ないものを見た。すなわち観念である。法といい、道徳といい、貞操といい、悪徳という観念が、ルネのみならず四人の女の向うにあらわれた。あの三島由紀夫が「跋」で述べた四人の女に割り当てられた観念が女の身体に生まれたのである。

ルネが立ち上がった時、そこにあらわれたのは観念であると同時に、その観念に照らされた人間のなかの暗部であり、その暗部は実に美しい虚構であり、私たちを照らし出すきらめく鏡であった。その虚構の美しさこそ芝居というものだろう。これは虚構のなかの真実といったものではない。まさに虚構であり、虚構であるがゆえの真実であった。それは批評性によってはじめて成立し、構築された真実であった。

13

「世界の果てからこんにちは」
——花火・歌・ドラマ

「世界の果てからこんにちは」
1991年 7月初演(利賀 野外劇場)／撮影：青山清寛

「世界の果てからこんにちは」(これを俗に「果てコン」という)は、戦前から今日までの、私自身の人生の記憶をまざまざと体験させる舞台であった。

この舞台にはしばしば同じ衣裳で車椅子に乗った十数人の男たちが登場する。いわばコロスである。このコロスが一列になって、池にかかった橋のような花道を行ったり来たりする。その整然とした動きは異様な迫力をもっている。その男たちが時に動きながら一斉に「歴史にもおさらば」「記憶にもおさらば」と叫ぶ。歴史も記憶も忘れろというのだろうか。しかし私は、その声とは正反対に歴史とも記憶とも「おさらば」することが出来なかった。この作品が「歴史にもおさらば」しないように強く私に求めていたからである。

私自身が体験した人生の記憶は忘れることなどできない。それは私自身を成り立たせているものであり、それと「おさらば」すれば私は私ではなくなるだろう。それは単なる歴史的な事実ではない。私が今日ここに立っているもの、そういうものを含んでいる生々しいものであった。その生々しさを体験させる作品が「果てコン」であった。その意味では、「果てコン」は、劇場の枠をこえる体験を私に与えた。

どうしてだろうか。

一つは何千発という花火のためであり、もう一つはここで演奏される歌——軍歌と歌謡曲のためであり、そしてそれらを縫うドラマのためであった。

利賀村の野外劇場は利賀の山奥、大きな池に面している。そこで劇中の大事なポイントで花火が上がる。池の対岸は深い林でその向うには百瀬川が流れていて、その対岸の道をへだてて山々が闇のなかに沈んでいる。この池の対岸を中心に、池の中の島あるいは向こうの岸から花火が打ち上げられる。打ち上げ花火が中心だが、一部に仕掛け花火もあり、もっともユニークなのは、池の上を真横に飛ぶ花火と、池の上に張られた細い鉄線を伝わって滝のように落ちる仕掛け花火である。

隅田川の川開きをはじめ、東京湾、多摩川と花火大会は東京にもある。日本全国にあるだろう。しかしここ、利賀村でしか見ることが出来ないのは、これらの花火がすぐ間近にある、その近さである。たとえば舞台の真上で夜空に美しく開いた花火は、観客の頭上に落ちて来る。危険はないのだろうが、ほとんど熱さを感じるほどの近さで、火の雨が降ってくる。こんな花火を私はここでしか見たことがない。その迫力はどこの花火にも及ばないのである。そのためにこの花火は二つのことを連想させる。

一つは、その間近な爆音が戦火を連想させる。そしてもう一つは一瞬にして消える、その花火の特性が時間の流れを痛切に想起させる。

花火が戦争を連想させるのは、のちにふれるドラマとの関係による。このドラマは戦前戦後の歴史を扱うから、そこで花火は戦争の描写と結びつく。頭上から降り注ぐ火の雨は空襲の恐怖を、池の上を横一文字に飛ぶ火の玉は特攻隊の玉砕を、そして対岸や池の上で滝のように降る火の輝きは、アジアの各地で展開した戦争の砲火を思わせる。

当時は少年だった私は戦争のほんの一部を体験したに過ぎない。戦地に行ったわけではなかったが、親戚を戦死者や特攻隊で失い、近い将来には自分も戦地へ行かなければならないという深い恐怖におびえていた。私は福島県白河市に疎開していたから東京大空襲にはあわなかったが、福島県では三陸沖に来た米軍の空母から飛び立ったグラマン戦闘機が毎夜のように上空に来襲し、その度に空襲警報が鳴り、宇都宮ではその機銃掃射によって自分を可愛がってくれた隣人を失うことになった。

この体験は多くの犠牲者にくらべればたいしたことではないが、少年にとっては限りなく深い恐怖であり、無視も否定もできない恐ろしい現実であった。

花火はその体験をよみがえらせたのである。むろん花火は単なる火薬の爆発による現象であって、それ自体はなんら指示機能をもつものではない。しかしドラマの文脈のなかでは時にこういう連想を呼ぶと同時に全く反対の連想にもなった。戦争の恐怖を生々しく描く花火は、一方で紀元二千六百年の奉祝の花火に連なり、また一方では戦後のバブル崩壊の音になった。むろんバブルの崩壊は花火のように一瞬に起こったものではない。しかしその衝撃の深さとその後の喪失感は花火の轟音に象徴されていたのである。

そして、このことがもっとも重要であるが、花火の効果は、私に「時間」の速さを認識させた。あざやかな弧を描きあるいは空中に美しい花を描くと同時に瞬間にして消え、後には深い闇が残る。戦争の、あるいはバブル崩壊は、一瞬に歴史の闇に消える。この事が私自身の人生をふり返らせずにはおかなかった。断片的な戦前、戦中、戦後の記憶が点から線になってよみがえって一つの歴史をつくるとすれば、それは同時に、この利賀村に通い続けて来た私の半生の歴史を思い出すことでもあった。すなわちこの野外劇場で、この客席で、そしてあの暗い闇の向こうに静かに沈んでいる山々を見て、過ごした時間の歴史を呼び出すことになった。戦争の記憶が公的な歴史だとすれば、そこには私の私的な歴史もまたよみがえったのである。

花火の次は歌である。

鈴木忠志の作品の大きな特徴の一つは、音楽、ことに流行歌である。それは「どん底」以来その度にふれてきたことであるが、この「果てコン」ほどに歌が多用され、重要な位置を占める作品は他にない。小川順子の「夜の訪問者」、五箇山村の「分村の歌」、伊藤久男の「海ゆかば」、島倉千代子の「からたち日記」、美空ひばりの「船頭小唄」以上五曲。曲数としては決して多いとはいえないかもしれないが、その使い方、作品における重要さからいえば、ほかの作品とは比べ物にならない。この五曲は他と違って、使用される部分も多く、しかも繰り返し演奏され比重が大きい。

五曲は二つに分けることが出来る。「分村の歌」は戦後、貧困のために新しい土地を求めて利賀村を去る人たちの出発の時に歌われた歌で、それは戦前の多くの海外移住者、ことに満州開拓民のありさまを想像させる曲である。

これと「海ゆかば」はいわゆる軍歌に類するものである。「海ゆかば」については今更いうまでもないが、戦争体験者にとっては聞く度に胸をしめつけられる思いがする歌である。それはこの歌が歌われた時の体験と深く結び付いているからだろう。私たちは国歌よりもなによりもこの歌によって育ったといっていい。したがってこの曲とともに花火の爆音が響けば、反射的に戦争の記憶がよみがえり、そのために生々しい体験を追うことになる。

他の三曲は流行歌である。「夜の訪問者」は、進行している舞台のドラマとは対照的であり、本橋哲也(「車椅子の葬送行進、花火の永続敗戦」――『演劇の思想――鈴木忠志論集成Ⅱ』所収)の指摘する通り舞台の役者たちの動きを相対化し、異化する作用をもっている。その点ではあきらかに軍歌とは違う。しかしこれが繰り返し歌われるうちに、その効果をこえて歌そのものの抒情性と官能的な甘さがあふれてくる。

それに対して「からたち日記」は昭和の風景を描き、さらに「船頭小唄」によって時代の激動にもまれる庶民の無力感と諦念、落伍者の哀しみをひびかせる。それが勇ましい「分村の歌」や沈鬱な「海ゆかば」と対照的になっている。

この五曲によって、もはや歌は単なるBGMではなかった。その歌とともに記憶がよみがえり、その歌を生んだ時代の社会がよみがえる。そしてそのよみがえった記憶が舞台を占領する。だから単なるBGMではありえないのである。

三題噺ではないが花火、歌ときてこれを裁断し、全体を形成する三番目の要素はドラマである。

ドラマは、幕開きから舞台の中央、車椅子に座っている竹森陽一の一人の男から始まり、最後に車椅子から立ち上がったその男が舞台上手の池の上につくられた花道を、花火の雨が降りそそぐなかを静かに退場していくところで幕切れになる。竹森陽一は、早稲田小劇場以来この劇団の中心にいた蔦森皓祐の後を継いでその音吐朗々たるせりふの手強さ、身体、演技の描線の太さにおいて今日の劇団の中心的存在である。

この男を「日本の男」という。「帰ってきた日本」、「ニッポンジン」では「日本の母」が登場し、男性は「日本の落ちこぼれ」と「ニッポンジン」が登場したが、ここに至って「日本の男」が登場する。

芝居がはじまると、登場した僧侶たちが竹箒を持って舞台を掃き清めながら、柳川鍋の食事について語り、仏道の修行の禁欲生活をコミカルに語り、その最中に中央の「日本の男」を見て異様な叫びをあげる。のちにわかるのだが「日本の男」には、仏教以前の日本の神道――天皇制を支える思想があるからである。

そこへ一人の「男の子ども」が鰻重ののった食卓を押してくる。ここで「夜の訪問者」の歌が始まって男は鰻重を食べる。

柳川と鰻重。僧侶たちと神道の男の対比があきらかである。

そこへ突然、最初の花火があがる。

その花火とともに車椅子の一団の男たちが花道から分村の歌とともにあらわれる。男の車椅子が終始動かないのに対して、一団の男たちの車椅子は整然と動いて来る。

その光景のなかで「日本の男」の正体があきらかになる。岡潔の日本論(「日本のこころ」)を語りはじめるからである。岡潔が二十九歳の時、シンガポールの渚ではじめて日本を感じた体験からはじまって、日本の自然の美しさ、天皇制による日本の体制、その天皇を守るために忠義をつくした楠正成、正行父子の話に至る。

現代から見れば一種異様な国粋主義に見えるだろうが、この「日本の男」と言葉は、私たち戦前の教育を受けた人間には当たり前のことであって、楠父子の話などだれでも知っているものであった。それがいま、ここでこのように「日本の男」という形をとってあらわれることに私はあらためて慄然とした。

その結果、日本は戦争に突入する。

「海ゆかば」が歌われ、花火が戦争の砲火を表現して、周囲に襲いかかる。それでも「日本の男」はさらに過激な主張を繰り返す。それが観客に戦争をまざまざと体験させる。

戦争を劇場で表現するのは、映像などと違って困難である。にもかかわらずこの作品がこれほど生々しく戦争を表現しているのは稀有のことといわなければならない。それは花火、歌、そして「日本の男」の主張が、それぞれが交錯し、緊密に絡み合い、しかもその三者がいずれも間接的な象徴であり、観念化しながら観客の想像力を刺激するからである。

しかし戦争は間もなく敗戦を迎える。

「日本の男」は、過激な国粋主義者から鰻重を食べた男に逆戻りし、老人ホームの理事長になる。いや全てはこの男の妄想だったといってもいい。それまで男の周囲をめぐりながらほとんど男に近づかなかった車椅子の男たちは一転今度は男の経営する老人ホームに入居した老人たちになって、鰻重を食った理事長に対して自分たちの食事が粗末であることを訴え、その責任を追及する。この部分は梅崎春生の小説「砂時計」の一部が転用されている。

この男の変身については、山村武善のすぐれた分析(「「戦前」と「戦後」の「間」で考える――「世界の果てからこんにちは」の方法的視座」——『鈴木忠志演出・台本集Ⅲ』所収)がある。それによれば「日本の男」の変身、戦前から戦後への転換が鮮明に分析されている。

「日本の男」の老人たちへの答弁は、戦前、戦中、そして戦後の比較、アメリカの老人ホームとの比較に及び、そこで戦争の生々しい体験が再現されながら、歴史化されていく。ということは、観客もまた自分の忘れることの出来ない戦争体験を一つの記憶として歴史の向こう側に追いやることになる。

そこで、その状況のなかで巧妙にもう一つの戦争が描かれる。シェイクスピアの「マクベス」の戦争である。「マクベス」が破滅に追い込まれるのは、反マクベスの旗手たちの攻撃によることはむろんだが、同時にマクベス自身の、魔女の予言や亡霊による混乱を始めマクベス夫人の死という内部崩壊による。

太平洋戦争は、外国との圧力とそれに抵抗してアジアの覇権を目指す日本の戦争であった。しかしここで描かれるもう一つの戦争は、日本の内部崩壊であった。その戦争こそこの作品の大きなテーマなのである。

日本は戦後、朝鮮動乱を経て、経済大国として再生した。それもバブルの崩壊とともにその地位を失うことになった。それも実は単なる現象に過ぎない。もう一つの戦争はもっと根の深い内面でおこった。それがマクベスの滅亡として表現されている。

「マクベス」には、その終幕に二つのセリフがある。一つはマクベス夫人の死を告げる侍者の言葉「お妃様が、陛下、お亡くなりに」(小田島雄志訳)であり、もう一つは最後に近い長いマクベス自身の独白である。そこでマクベスは死の迫った自分を今や落ちようとしている枯葉にたとえ、所詮人生は影法師にすぎないという。

この二つを鈴木忠志は、マクベス夫人を「日本」にたとえてあの少年に報告させた。「日本はお亡くなりになりました」。そしてあの有名な独白を「日本の男」に語らせて、すでに落ちかかったマクベスの城を「日本」の破滅にたとえて、廃墟に生きるしかなくなった「日本の男」の最後のせりふにした。

二つのせりふを浮かび上がらせたのは、花火と「船頭小唄」である。花火は迫りくる破滅への火の手であり、「船頭小唄」は、「枯れすすき」になった「日本の男」の孤独と終焉を暗示した。

とすれば、ここでの「日本」とはなにか。

むろん国粋主義者のいう、日本の自然の美しさであり、天皇制による国体であろう。しかしそれだけではない。日本を美しいと思う感覚の共同性、天皇制そのものの背後に広がる(それは「瞼の母」にあきらかな母系制社会も含むだろう)共同体であり、共同体を支える理念であった。本当の敗戦は八月十五日にあったのではなく、このもう一つの戦争における「日本」そのものの内部崩壊による敗戦にあった。

もはや「帰ってきた日本」も「ニッポンジン」も失われて、「日本の母」も「日本の男」も消滅するしかない。そのことが「日本がお亡くなりになりました」という少年の一言にこめられている。

「果てコン」は、この壮大な歴史のドラマであり、私たちの生きた時代の滅亡を意味している。花火の雨が激しく降る花道を静かに消えて行く竹森陽一の「日本の男」の後姿を見ながら私はそのことを思わずにはいられなかった。

「日本の男」が消えたあとには山々に囲まれた暗闇が深々と私たちをつつんだ。その暗闇のなかで、私はただ茫然と立ちつくすほかなかった。

私はこの芝居で私自身の、そして私の過ごして来た時代を生きて体験した。その果てに世界の終末があったとしても、それでも私は生きて行かなければならない。

14

人生の冬景色

「津軽海峡冬景色」
（左より）平垣温人，内藤千恵子，塩原充知，佐藤ジョンソンあき
2018年 8月初演（新利賀山房）／写真提供：SCOT

二〇一八年の新作「津軽海峡冬景色」は、鈴木忠志のこれまで歩いてきた人生の集大成であった。もっとも集大成というような大仰ないい方は正確ではない。普通集大成といえば、それまでの仕事を網羅した、一目でその人の業績が分かるように構成された、全集的なものをいうのだろう。そんな大げさな作品ではない。もっと自然に作品を作ったらば意識しないうちにこれまで鈴木忠志が身につけたものがおのずから滲み出て、そこに一筋の道が現れたという趣きである。その意味では小品でありながら大きな意味を持っている。淡々とつくられながらこれまでの鈴木忠志の「芸術におけるわが生涯」(スタニスラフスキーの自伝)という印象がするからである。

たとえばチンドン屋である。

あの鈴木忠志の初期の傑作「劇的なるものをめぐってⅡ」の裏長屋にもチンドン屋の懐かしい音が風に乗って響いていた。それから幾雪霜。近年の「からたち日記」に至って舞台正面にチンドン屋の一家が登場した。そして今度の「津軽」では、内藤千恵子が歌い、塩原充知がクラリネット、平垣温人がハーモニカのみ。鉦も太鼓もなくなった。しかも彼らは全部俳優の実名であり、同時に劇中の「金色夜叉」の間貫一とお宮を演じ、さらにそれらを妄想する精神病院の患者でもある。音はチンドン屋とは違って繊細になり、また風に乗る音楽になった。この消長は、鈴木忠志の作品の歴史を語り、芸術家としての人生を語る。私がこの作品を「芸術におけるわが生涯」という理由である。

チンドン屋だけではない。たとえばその断片化の手法から、車椅子、ページェント、そしてこの作品の題名になった演歌まで。

断片化の手法。

御承知の通り、鈴木忠志は小説、エッセイ、むろん戯曲の一節を集めてもう一つの物語を作った。その物語は、断片化された言葉を超えて、役者の身体が言葉に生きる、言葉の、身体の物語であった。「劇的」シリーズ以来、鈴木忠志が独自に考えた方法である。これを本歌取りあるいはコラージュと呼ぶのは正確ではない。本歌取りは本来文学の手法であり、コラージュは美術の手法である。鈴木忠志の方法はそれらと違って演劇独自の意味を持っている。それは言葉以外のものを排除して言葉によってのみ役者が舞台に生きること。しかしそうするには言葉を身体化しなければならない。それによって役者は言葉の表層的な意味を超えて深層に至り、その言葉を生んだ時代と歴史を表現することになる。そこにこの方法の本歌取りともコラージュとも違うユニークさがある。

たとえば今度の「津軽」では、尾崎紅葉の小説「金色夜叉」、チェーホフの小説「六号室」、戯曲「三人姉妹」「ワーニャ伯父さん」の断片が使われている。その方法は在来通りだが、今までの作品と大いに違うのは、固有名詞が省かれ、しかもその繋ぎ目に細心の注意が払われていることである。「金色夜叉」でいえば間貫一もお宮も、「三人姉妹」「ワーニャ伯父さん」でもヴェルシーニンもソーニャもその名前が削られ、そのかわりに出演者の名前になっている。いわば全員が「素」なのである。その結果、観客はほとんどそれがなんの役か、どんな人物なのか、なにをしゃべっているのかわからない。原作の物語から切り離されているのである。しかもチンドン屋の歌手内藤千恵子は、お宮らしき女であり、精神病院の年老いた患者であるらしい。そこにあるのはただ言葉のみ。その意味では過去の鈴木忠志の作品がどこかに出典を残していたのと違って、本当にどこかからの引用がわからないのみならず、その言葉が淡々と重なり合うようになっている。鈴木忠志はその方法をもっとも究極まで推し進めただけではなく、方法それ自体を意識しなくなったといっていい。

それは私のかつて見た能や舞踊の名人たちを思い起こさせるものだった。円熟の極に達した名人たちの芸は、芸を磨きに磨くことによって本来その振りが持っている意味をほとんど消してしまう。一見なにを舞い、なにを踊っているのかわからない。にもかかわらず確実に観客の心になにかが響いて来る。それは芸が方法を超えた果てに到達した結果であった。

小説「金色夜叉」は男と女の恋物語である。しかし「津軽」の内藤と平垣は恋物語ではなく、人間はなんのために存在し、なんのために生きているかを示した。それは物語の示す意味とかテーマとかいうものではなくて、ただ性的な官能であった。狂熱の夢覚めて静かな官能の炎だけが残った。その炎はこの作品の通底音になった。

車椅子。

「世界は病院である」あるいは「人間は全て病人である」という逆説的な思想は、鈴木忠志がその方法によって文化の深層に到達したときに出来た。車椅子はその象徴。「リア王」の再演に始まって多くの作品に登場するお馴染みのもの。むろん世界は病院だけではないし、人間は全て病人だけではない。にもかかわらず鈴木忠志がこの思想にこだわるのは、彼が演劇を通して到達した結論が人間の暗部を明らかにしてきたからである。舞台の主人公は大抵殺人者か狂人であり、それゆえにこそ主人公たり得ている。しかも一見正常に見える人間にさえその衝動が全くないとはいえないだろう。その普遍性に達した時に鈴木忠志の逆説は正論になる。そして今度の「津軽」ではその思想は鈴木忠志の、ほとんど血肉になった。

「津軽」でも車椅子も医者も看護師も出てくる。正面でチンドン屋の音楽を演奏し、「金色夜叉」を演じる三人も精神病院の患者であり、「金色夜叉」は内藤千恵子演じる「千恵子ばあさん」の妄想なのである。それは遠く「劇的Ⅱ」の裏長屋の女の「女清玄」や「化銀杏」の妄想から今日に至る。

車椅子は、鈴木忠志の独自の「鈴木メソッド」の身体と関係があり、一方でパレードと関連している。再演で車椅子がはじめて使われる以前の「リア王」(初演)には、大勢の登場人物が舞台を横切って行くシーンが印象的であった。鈴木忠志の感覚のなかにパレードに対する独特の感触があるのだろう。しかし今度の「津軽」ではパレードは単なるスペクタクルではなかった。淡々と人間が「行き過ぎて行く」こと、そのことが問題であった。後に詳しく触れるがそれが人生の時間の経過を意味していたからである。

演歌。

鈴木忠志の作品と演歌は切っても切れない。「劇的」から始まって今日の「津軽」まで。私たちは「トロイアの女」でトロイアの滅亡――戦後日本の滅亡が欧陽菲菲の歌で一挙に相対化され、そして癒されるのを体験してきた。それは断片化された各シーンの転換のための接着剤であり、同時にそのシーンを相対化する鎮静剤であった。しかも鈴木忠志は、小説や戯曲やエッセイの言葉だけでなく演歌の歌詞を通して、その歌詞を生んだ文化の深層を描いたのである。

しかし今度の「津軽」は違う。これまでは言葉（ドラマ）から歌（詩）が生まれる。あるいは言葉を相対化するために歌があった。「津軽」では逆に歌が言葉を生んでいる。あるいは言葉と歌の両者の交換において、融通無碍、自由自在であった。その自由さによって両者は接着剤でも鎮静剤でもなく一体化している。「金色夜叉」も「三人姉妹」も「六号室」もそこに溶け込んで、しかもそこから生まれているように見える。この演歌の位置が今までのそれとは違うのである。

以上。断片化の方法、車椅子、ページェント、そして演歌。それらは一見見慣れた、鈴木忠志の仕事の足跡そのものに見えるが、そのレベルにおいて同じではない。ほとんど無意識に手を動かして作品を作ったらば、おのずからそこにかつての手法があらわれ、そしてそれが作り手のいまの心境を自然にあらわしているように見える。私がしばしば「淡々と」というのはその意味である。たとえば名工の鑿《のみ》が自然に木のなかから仏像を彫り出していく如くであった。その心境を要約すれば、それはこの時点で「人間はいかに生きるか」ということに尽きるだろう。

演歌の使い方にもそれがよくあらわれている。最後に題名にもなった「津軽海峡冬景色」が出てくるが、その前半は内藤千恵子の語りであって――つまり言葉であって、それが途中から自然に歌になっていく。言葉から歌が、歌から言葉が生まれるそのプロセスが目の当たりになる。それを見た時私は日本古典文学が「歌物語」によって生まれたことを思った。「伊勢物語」も「源氏物語」も「大和物語」もみな然り。文学の原点がそこにあるとすれば、いまその原点に私は触れていると思った。

そしてその「歌物語」の底には、人間はなんのために生きるのか、人生に意味があるのかという問いがせせらぎのように流れている。「金色夜叉」にも「三人姉妹」にも「六号室」にも。それはたとえば「上り始めは苦しみ峠、越えて振り返れば楽しい思い出峠」という演歌の感傷がそこに繋がっている。


その意味でこの「津軽」は鈴木忠志の私小説だろうと私は思った。私小説が文学的な価値を持つのは、作家個人の人生が、多くの人の人生と重なる普遍性を持った時にのみ限られる。その意味で「津軽海峡冬景色」は鈴木忠志の人生の集大成というのである。それは私たち鈴木忠志の仕事を見続けて来た観客個人個人の感想でもあるからである。


そこでほとんどの登場人物が舞台の上手から現れ、下手に向かって進んで行く。パレード。それはかってのようなスペクタクルではなく、私に孔子の言葉(「論語」)を思い出させた。ある時、大河のほとりに立った孔子はこういったという。

「行くものはかくの如きか」

「行くもの」とは「行く者」であり「逝く者」であり、そこには死者との別れ、むろん生者との別れがあり、そして同時に「行くモノ」でもある。つまり「行くもの」とは時間であり歴史である。そいる。

れは川の流れのよう止まることがない。「津軽海峡冬景色」のなかにはその「行くもの」が含まれている。

私は北海道の出身ではないが、母が東北出身であり、戦争中には東北に疎開して、都市(中心)からも東北(周辺)からも差別を受け、少年の身で辛酸をなめた。そのために今でもこの歌を聞くと身を斬られるようにつらい。そこにかつての差別と孤独の記憶があったからである。「上野発の夜行列車」はそういう記憶を乗せて東京から青森に向かう。それがいいようのない寂しさを生む。それは体験した人間にしかわからないだろうし、私の個人的な事情でもある。しかしそのなかでも私は生きて来た。多くの人が私の人生を支え、私の人生を通り抜けて行った。それなくしては人生は成り立たない。いくら孤独でも差別されても「上野発の夜行列車」は「行くもの」なのである。

あの幕切れはそのことを痛切に思わせた。それはかつての冬景色を思い起こさせ、そしていま、人生の冬景色を感じさせた。

「人生の冬景色」はだれにでもやってくる。

終章

演劇の魅力

「エレクトラ」佐藤ジョンソンあき
1995年 8月初演(利賀 野外劇場)／写真提供：SCOT

「どん底における民俗学的分析」から「津軽海峡冬景色」まで。

鈴木忠志はひたすら演劇の言葉と俳優の身体の関係を追求してきた。そこで鈴木忠志が行った発明は二つある。

一つは言葉について。

もう一つは俳優の身体について。

一九六〇年代のあの「出口のない辛い場所」(前出の鈴木忠志「ある記憶について」)に立って「己れ特有の形や言葉を得たいと願」(同上)った鈴木忠志は、まず言葉についてユニークな改革を行った。それはすでにふれたように一九六〇年代の誰もが思った「伝達可能なものだけを大切にした結果、無限に規格化し類型化した思考や感じ方」(同上)の否定である。当時の「新劇」はまさに「伝達可能なもの」——要するに戯曲の言葉の表層的な意味、それによって語られる物語の全体、その背後にある主題や思想を類型化したために失速した。

したがって「反新劇」の旗手たちは、こぞって新しい世界を、自分固有の言葉を求めて戯曲を書いた。寺山修司も唐十郎も、あるいは別役実も清水邦夫も佐藤信も斎藤憐も戯曲を書いた。自から戯曲を書かなかったのは鈴木忠志と蜷川幸雄だけであった。蜷川幸雄が戯曲を書かなかったのは、小劇場を離れて大劇場へ行くまでの間清水邦夫との提携が続いたからだろう。しかし別役実と組んでいた鈴木忠志は別役実と別れて自分の道を歩き始めた。彼が「どん底における民俗学的分析」で別役実と別れた理由は、彼にとって必要なのは戯曲という一つの一貫した物語の全体ではなくて言葉そのものだったからである。というよりも言葉が舞台空間の中で俳優の身体によって生きる瞬間こそが演劇の原点であって、原点はそれ以外のどこにもないという考え方があったからだろう。それはとりもなおさず近代演劇が劇作家を頂点とし、その戯曲を演出家が演出し、俳優がそれを表現するというヒエラルキーの否定であり、物語によって、あるいはその物語にこめられた主題や思想によって何かを理解するという演劇の在り方の否定であった。

この考えが歴史的な意味を持っているのは、この考え方が「近代」と「現代」を別ける分岐点を意味したからである。

むろん戯曲の完結した物語性を否定する考え方は、ベケットやイヨネスコやピンターのような不条理演劇にもあり、あるいは六〇年代に一世を風靡したポーランドの演出家グロトフスキーやアメリカの演出家シェークナーのような、俳優の身体だけを強調する主張にもあった。しかし鈴木忠志は物語性こそ否定したものの、言葉そのものを否定したわけではない。彼はあきらかに、「言葉派」と「肉体派」という当時の分類によれば「言葉派」だった。

鈴木忠志が使ったのは、戯曲の全体ではなく断片であり、その断片化によって別なもう一つの物語をつくることであった。「どん底における民俗学的分析」から「津軽海峡冬景色」まで。鈴木忠志がそのために素材として使った言葉は多彩をきわめている。

ギリシャ悲劇からはじまってシェイクスピア、ゴーリキー、イプセン、チェーホフ、ベケットまで。あるいは鶴屋南北から尾崎紅葉、泉鏡花、谷崎潤一郎、長谷川伸、三島由紀夫、別役実まで。戯曲ばかりではなく小説、エッセイ、軍歌から流行歌に至るまで。ほとんどあらゆるジャンルの言葉が使われている。しかし言葉ならば何でもいいというわけではない。その言葉が生きて、ある背景をもっているることが必要であった。その言葉が俳優の口にのせられた時に、その身体の向こう側に背負っているもの、すなわちある時代の、ある社会の、ある情緒あるいは感覚を背負っていることが重要な基準であった。

むろんそれらの言葉は、たとえ戯曲の、あるいは物語の文脈から切り離されているとはいえ、つねに規格化、類型化される危険にさらされている。そこで鈴木忠志はこれらの言葉を二重三重の工夫によって再生している。たとえば「劇的なるものをめぐってⅡ」における鶴屋南北の「隅田川花御所染」の清玄尼のせりふは裏長屋の狂女に語られることによって相対化され、しかもその前後のベケットの「ゴドーを待ちながら」や泉鏡花の「婦系図」や「化銀杏」のせりふと対比されることによって批評化されている。

しかし鈴木忠志は岩波ホールの「トロイアの女」で大きく転換した。戯曲の物語の断片化から再び物語へ。それ以後の作品は「劇的なるものをめぐってⅡ」よりも、戯曲の原型を比較的とどめているように見える。しかしよく見れば、谷崎潤一郎の「お国と五平」や長谷川伸の「瞼の母」や三島由紀夫の「サド侯爵夫人(第二幕)」にしても程度の差こそあれ、この基本は同じである。

たとえば「お国と五平」は、そのあとに付け加えられた小説「或る調書の一節」によって相対化されているし、「瞼の母」は、「帰ってきた日本」という国際情勢を描いた作品のなかの、いわば劇中劇として相対化されている。なかでも原戯曲にもっとも近いと思われる「サド侯爵夫人」にしてもそうである。もともと原戯曲は全三幕で完結しているが、鈴木忠志はそのうちの序幕と第三幕をカットして第二幕だけを独立させて上演している。それによって作家の目指した一貫した物語の全体から切り離し、ここに描かれた三島由紀夫の言葉——せりふが実は批評的に扱われているのである。

むろん基本はあくまで「劇的なるものをめぐってⅡ」にある。仮に今鈴木忠志がの作品の歴史を前後二期に分ければ、その前半期の傑作は「劇的なるものをめぐってⅡ」であり、それに対して後半期の傑作は「サド侯爵夫人(第二幕)」である。この二つを比べて見れば、なにが変わらず、なにが変わったかは明らかだろう。変わらなかったのは断片化の手法であり、物語の全体の否定である。変わったのは戯曲が比較的もとの形で一貫していること、すなわち断片化の手法の程度の差である。程度の差は物語の全体の一貫性よりもその俳優術の成熟によって物語の否定が必ずしも問題ではなくなったことによる。それは後で詳しく触れよう。

どちらにしてもこういう言葉に対する改革は、鈴木忠志の戦略であり、独特の発明であった。それは鈴木忠志の告白を見れば明らかである。すなわち「既にあるものを拒絶することは生きる以上できないことであるかもしれないけれど、それを利用しつつひそかにくつがえすことはできるかもしれない」(前出「ある記憶について」)。

与えられた言葉を「利用しつつひそかにくつがえす」ことこそが、この相対化、批評化の目論見であった。

さらにこの台本の言葉は、演出によってさらに「くつがえされ」る。「劇的なるものをめぐってⅡ」で白石加代子が沢庵をかじったり、排泄をしながらせりふをしゃべったのはあまりにも有名だが、たとえば「別冊　谷崎潤一郎」の「お国と五平」では、冒頭のお国と五平が現代風な淫らな姿で、誠実な下男五平と淑やかな武家の人妻であるお国のせりふがしゃべられる。のちにあきらかになるようにお国と五平は肉体関係を持っているから、この演出が作者谷崎潤一郎の意図した「どんでんがへし」を逆手にとって二人の秘密を先取りしたものであることはいうまでもない。しかしこの風景と言葉との矛盾は、明らかに言葉の持つ、いわば隠された虚像を暴くものであり、二人の矛盾を批判的に描くものであった。

こういう二重三重の仕掛けによってあきらかになるものは、言葉の表層的な意味の否定であり、それによって言葉の深層に隠された意味の発見であった。鈴木忠志はその発見を通じて、既成の、規格化され、類型化された言葉のかげに隠されたもの、そのような規格化、類型化されたものから落ちこぼれて来た、言葉の表情を発掘し、その生気をよみがえらせようとしたのである。

むろんこのことは、俳優の身体と深く関わってくる。すなわち鈴木忠志の仕事でもっとも重要なのは、その俳優に関わる。

鈴木忠志が独自の「鈴木メソッド」という俳優訓練法をつくったことはすでにふれた通り。菅孝行がその著『闘う演劇人』のなかでふれたように六〇年代の多くの旗手のなかで俳優の身体を改革しようとしたのは、鈴木忠志ただ一人であった。唐十郎が『特権的肉体論』をあらわしたのは有名であるが、それは俳優を奇形な存在そのものとしてとらえる視点にあって、俳優術そのものの改革ではなかった。そのシステムによって俳優を訓練しようという目的をもったのは鈴木忠志だけであって、それはある意味で「近代」を代表するスタニスラフスキー・システムに対応する「現代」の俳優訓練の代表的システムであり、だからこそそのシステムは世界に受け入れられ、ついにはスタニスラフスキー・システムの牙城であったモスクワ芸術座においてさえ採用されるものとなった。これは単に新劇の本家を鈴木忠志が征服したというような事件ではなく、近代演劇のシステムの本拠に反リアリズムのシステムを導入したという点で世界演劇史の歴史的な一頁になったのである。

鈴木忠志にとって俳優とは、なにかを演じる者(たとえば新劇のリアリズムに生きる市原悦子)でもなく、なにかを語る者(たとえば能という古典的な技法を身につけた観世寿夫)でもなかった。言葉と身体の関係において、その身体をもって言葉を生きる者であった。

鈴木忠志がしばしば引用する六代目尾上菊五郎の言葉「体で戯曲を書く」とはそういう意味である。舞台では言葉は身体化されなければならない。身体化されてはじめて言葉は生きる。口先だけでしゃべられる言葉はごく微弱な表現力しかもたない。いや表現とさえいえない。本来の表現はその全身によって言葉を生きる。そうしなければ小声でしゃべっても劇場の隅々にまで通らなければならないし、ましてや言葉が空間に制御されることもないだろう。

沢庵をかじりながらなお、その言葉が空間に刻印されるとしたらば、そういう集中に耐えるだけの訓練がいる。その訓練こそが鈴木忠志の方法論であった。

しかしそのことが歴史的な意味を持ったのは、この訓練によって近代のリアリズムとは違う人間像があらわれたからである。この訓練は俳優の身体の再発見であると同時に近代的な人間像の否定に結びつくものであった。

近代のリアリズムの描く人間像は、ごく日常的なものであると同時に心理的なものであった。近代を開いたフロイトが示したように、人間は自意識と同時にその深層に隠された広大な無意識によって行動し、思考し感覚を持つ。内面的な世界は外面とつながっていて、そのつながりにおいてきわめて心理的である。

しかし鈴木忠志の発見した人間像は内面と外面がズレている。もっといえば断絶している人間であった。それは現実の世界から見れば一種の狂人に近い。その狂人の行動こそがドラマを作る。鈴木忠志がしばしば人間を狂気に設定し、世界を精神病院になぞらえるのは、そのような人間像こそが、現代に生きている人間だという認識なのである。演劇はその今日の人間像を描くための手段にすぎないのである。

以上のように鈴木忠志が発明した独自の方法によって私たちは新しい人間像を見る。それはかつてのような幸せなものではなく、現実的なものでもない。孤独な妄想にさいなまれているものである。しかしたとえそれが恐ろしいものであろうと、私たちは目を逸らすことはできない。なぜならばそれが私たち自身の肖像でもあるからだ。

たとえば鈴木忠志演出の「エレクトラ」。

鈴木忠志の「エレクトラ」はギリシャ悲劇そのものではなくて、それを脚色したホフマンスタールの戯曲によっている。なぜ原作ではなく改作のホフマンスタールかは両者を比較すればあきらかである。ギリシャの原作の方がよりリアルに描かれている。父アガメムノンをクリテムネストラとその愛人アイギストスによって殺された二人の娘エレクトラは、弟オレステスとともに母クリタイメストラを殺す。この壮絶なドラマは原作ではごくリアルに描かれているが、ホフマンスタールの場合には、ほとんど狂気の妄想にかられた人間の情念の衝突として描かれている。たとえばエレクトラは、父の敵を討ったために戻ってくる弟オレステスをひたすら待ち続けている。オレステスを待つことに集中しているうちに彼女はそのなにかを待っという執念のために、ほとんどなんのために待つのか、待っているのが何者なのかさえ忘れるほどの固執ぶりを示す。ホフマンスタールではその目的を失ってなお生き続ける妄想が生々しく描かれている。それは「ゴドーを待ちながら」でゴドーを待ち続けるエストラゴンとウラジミールの悲劇版といってもいい。だからこそ鈴木忠志はギリシャのリアルなドラマではなく、近代の妄想に苦しむ人間のドラマを選んだ。

その点で鈴木忠志のエレクトラの妄想は、「王妃クリテムネストラ」に描かれたクリテムネストラと同じ一人の個人の内面の深層世界を描いている点では同じであった。白石加代子のクリテムネストラはその点でまさに鈴木忠志の俳優術の作り上げた傑作であった。しかし「エレクトラ」のクリテムネストラは一段高い車に乗ってあらわれ、男たちのコロスは普通の車椅子であらわれた。エレクトラだけがこの車と車椅子にかこまれるのである。そのありさまは、エレクトラの孤立を鮮明にすると同時に、クリテムネストラやコロスがエレクトラを追い詰める運命の象徴の如くそこにエレクトラの妄想を描き出す状況が個人を押し流していくものの力を明確にした。

そこで生まれたのは、一方に人間個人の内面の妄想があり、もう一方にはその妄想と対立するシステムの存在の対立が生むドラマであった。「王妃クリテムネストラ」が個人のドラマだとすれば、「エレクトラ」は個人ではなく社会のシステムのドラマであり、鈴木忠志の視点は妄想そのものから、その妄想を生む状況に移ったのである。個人から社会へ。その広がりがドラマに官能と様式を与えた。


様式は作ろうと思って出来るものではない。意図して作られればたちまち形式になる。すなわち様式は溢れるものがあってはじめてそこにつくられる。たとえば、この「エレクトラ」。一方にエレクトラの妄想があり、その妄想は単に妄想であるばかりでなく、妄想が生きて舞台にあらわれたときに、それは一つの感情や感覚ではなく、生きている光輝を持って官能になる。言葉が身体化されてその言葉の紡ぎ出す感情が、その人間の身体の奥底で鳴るものになるからである。そしてその身体の官能は、ある時は実の母を殺すほどのすさまじい狂気として迸り出て、オレステスを待ち続けるという憧れになって塞き止められる。この横溢と抑止の作用が様式をつくるのである。それは単に個人の視点だけではなくその妄想を生む社会のシステムによってはじめてつくられた。

エレクトラの身体に発生した様式は、クリテムネストラに、さらに反転して彼女を取り囲むコロスとして彼女を襲う。彼らが車に乗り、車椅子を操る集団になるのは、エレクトラの様式に対抗し、さらにそれを抑圧するものとして象徴的な存在にまで高められるからである。

様式も官能もこういう関係性によってつくられた。

ことは「エレクトラ」に限らない。そのもっとも顕著な例は「バッコスの信女」から「酒神ディオニュソス」へ、さらに「ディオニュソス」へと版を重ねるごとに変化し、ついに「バッコスの信女」からは想像もできないドラマになった事例である。すでにふれた通り「バッコスの信女」では必ずしも鮮明ではなかった母親アガウェによる実の子ペンテウス殺しが、最初は新興宗教集団による現実の殺しと、母親の殺しの幻想の二重の殺人になった。最初の殺人は社会体制のなかで起き、次の殺人は個人の妄想である。この二つ――個人の妄想と社会的な陰謀が描かれて、ことは個人から社会全体の妄想に拡がる。その拡がりを繋ぐものこそ様式であり、その様式によって私たちは二重の殺人のなかに生き、私たち自身の暗部は、社会全体に広がる。

程度の差こそあれ、事情は「別冊　谷崎潤一郎」でも「サド侯爵夫人(第二幕)」でも同じである。

すでにふれた通り「別冊　谷崎潤一郎」で戯曲「お国と五平」と小説「或る調書の一節」の対比によって起こる官能――お国と五平、あるいは友之丞の三角関係の官能は「或る調書」のなかの犯人の告白と対比されることによってのみ官能的な感情をあふれさせるが、それをせき止めるのは、二つの作品を繋ぐ作者(谷崎潤一郎)の登場であり、社会の正義とはなにか、法律とはなにかという社会のシステムとの対比による。それによって様式が生まれ、その様式によって人間の性と罪といった、いわば観念の世界が実在感をもって開けてくる。

「サド侯爵夫人(第二幕)」も同じ。ここで作者(三島由紀夫)が登場するのも同じであるが、「別冊　谷崎潤一郎」と違ってここでは第一幕と第三幕の前後をカットし、女中の登場を省略することによって、ここに描かれている女たちの官能を抑制して様式を生み、その様式によって逆に三島由紀夫の精神世界を身体化し、女四人の身体の輝きとして成立させている。

この様式が成立させる官能によって、観客は、生の官能をそのまま手中にする。そのためにグロテスクなものは美しさに、醜悪なものが優美なるものに変身する。この変身を観客もまた身体的に受け止めることになる。

このような操作は、実は知的な、ごく精神的な構成によって行われる。一見グロテスクだの、美しさだのによってきわめて感覚的に見えるが実はそれほど単純ではない。知的で精神的な操作がなければ、それらは単なるモノや一片の感情に過ぎない。それを完全に生きるためには人間の知的な操作が必要であり、その操作によってこそ、観念が舞台に生きるのであり、それは見る者に全人格的な享受を求めるのである。すなわち観客自身がその事実を生き、それによって体験する。

演劇という芸術の、本当の魅力はこの変身が示す精神世界にこそあるのだろう。それは「エレクトラ」や「お国と五平」やあるいは「サド侯爵夫人」の凡庸な舞台を見ればすぐわかる。それらは確かに作者の精神言葉の表面的な意味によって伝達可能な思考や感じ方を伝えてはいるだろう。しかしそれは様式よりも形式であり、官能よりもひからびた感性の残骸であり、要するに生ではなくて死である。それは演劇の原点ではなくごく表面的なものを見ているに過ぎない。

鈴木忠志の仕事は、この原点にかえって演劇の真の魅力をよみがえらせたところに、その本当の歴史的な意味があったといわなければならない。

あとがき——斉藤郁子のこと

その夜、私は池袋のホテルのバーで斉藤郁子と酒を呑んでいた。

斉藤郁子はもとは早稲田小劇場の女優であった。私がはじめて彼女の舞台を見たのは「劇的Ⅱ」で、白石加代子の清玄尼の庵室へ深尾誼の綱女に連れられて逃げてくる桜姫の役であった。むろん彼女はその前の「どん底」や「劇的Ⅰ」にも出ていたに違いないが私は覚えていない。桜姫になった彼女は白石加代子の清玄尼に追われて、上半身あらわにドラム缶に逃げ込んだりして話題になっていた。ふっくらした丸顔の、少しくぐもった声の、品のある女優だった。

それがいつの間にか女優をやめて劇団の制作の担当になった。鈴木忠志が世界中を飛び回るようになってからは、語学に堪能な彼女はますます活躍をみせた。実際にどういうことをしていたか具体的には知らないが、彼女が劇団活動を支え、鈴木忠志を支えていたのは事実だろう。

彼女は単に一制作者だったのではない。鈴木忠志のスポークス・ウーマンであり、劇団の宣伝担当であり、その思想のすぐれた伝導者でもあった。

彼女はあの早稲田のモンシェリの二階で芝居が終わると、パーティ嫌いな私を一階のサロンへ引っ張って行った。あのサロンが大勢の文化人を集めたのは、むろん鈴木忠志の仕事、人柄の魅力によるが、彼女の努力によるところも大きい。あれだけはなやかな顔ぶれが揃ったのは彼女の誰にでも愛される気さくな人柄にもよる。

その上に私にとって彼女は一人のよき読者でもあった。私が鈴木忠志について書いた最初の文章――雑誌『文藝』に見開き二頁で書いた「演劇の原点」の時に最初に認めてくれたのも彼女だった。

その彼女と仕事の話をするようになったのは、当時私が勤めていた会社の作品を鈴木忠志が演出したためである。

仕事の話が終わって世間話になった時、なにげなく彼女が、

「渡辺さん、鈴木について書いた文章を集めて一冊、本を作ったら」

といった。

しかし私はその提案を即座に拒否した。そういう本の作り方が好きではなかったからである。

「書くならば、イヤ、いずれは書きたいと思っているけれども、そうなった時は書下ろしにしたい」

その夜からまたたくうちに五年たち、十年たちして、それでも私が約束を果たせないうちに、斉藤郁子はアッという間にあの世へ行ってしまった。

彼女が死んで利賀村で偲ぶ会が行われた時、弔辞を述べた私は、あの約束を果たせなかった自分の怠慢を思って涙を流した。涙を流すと同時に今度こそは約束を果たさなければならないと思った。

したがってこの本はその約束の結果であり、本当ならば「斉藤郁子に捧ぐ」と献辞されるべき本である。

全編書下ろしというつもりで仕事を始めたけれども、結局最後の一章「津軽海峡冬景色」だけは、山村武善さんの編集した『利賀から世界へ№10』へ発表したものを入れることにした。この文章だけは特別に愛着があり、それを書き直すことは出来そうもなかったからである。

校正刷りを読み返して思うことは、私は結局一つのことを書いた、一つのことしか書かなかったということである。それは私の人生にとって演劇とはなんであったか、今現在なんであるかということである。私が鈴木忠志という演出家にこれほど深く関わり、これほど長い間その作品を見続けて来たのも、鈴木忠志が自分にとって演劇とはなにかを問い続けて来たからに他ならない。

その旅は東京から利賀村へ、そして利賀村よりもはるかに遠く無限に続いていくだろう。斉藤郁子の、あの夜の提案は鈴木忠志のためでもあったろうが、なによりも私自身のためであった。

さて、出版に際しては、岩波書店の中嶋裕子さんに全面的にお世話になった。写真は鈴木忠志に提供してもらい、上演年表は、斉藤郁子の後任としてSCOTの制作を一手に仕切っている重政良恵さんに提供してもらった。装丁、デザイン、校正はじめ、本書にかかわったみなさんに感謝したい。

渡辺　保

二〇一九年七月

鈴木忠志　構成・演出作品年譜(初演リスト)

年	月	作品名	原作	劇場
1962	4	「象」	別役実	俳優座劇場
	6	「AとBと一人の女」	別役実	砂防会館ホール
1966	5	「門」	別役実	アートシアター新宿文化
	11	「マッチ売りの少女」	別役実	早稲田小劇場
	12	「燭台」	延山政之	早稲田小劇場
1967	2	「兎と狸」	太宰治	早稲田小劇場
	4	「舌切雀」	太宰治	早稲田小劇場
	4	「あたしのビートルズ或は葬式」	佐藤信	早稲田小劇場
	6	「マクシミリアン博士の微笑」	別役実	早稲田小劇場
1968	4	「主役主役道者 —歌舞伎十八番「鳴神」より」		早稲田小劇場
	11	「どん底における民俗学的分析」	(別役実・鈴木忠志構成)	早稲田小劇場
1969	4	「劇的なるものをめぐってI —ミーコの演劇教室」		早稲田小劇場
	10	「少女仮面」	唐十郎	早稲田小劇場
1970	5	「劇的なるものをめぐってII —白石加代子ショウ」		早稲田小劇場
	8	「夏芝居ホワイト・コメディ」	鶴屋南北	アートシアター新宿文化
	11	「劇的なるものをめぐってIII —顔見世最終版」		早稲田小劇場
1971	11	「其の一・染替再顔見世」		早稲田小劇場
1972	9	「其の二・〈哀劇〉ドン・ハムレット」		早稲田小劇場
1974	12	「トロイアの女」	エウリピデス	岩波ホール
1975	10	「アトリエNo.3 夜と時計」		早稲田小劇場
1976	8	「宴の夜・一」		利賀山房
1977	3	「鏡と甘藍」	高橋康也	早稲田小劇場
	8	「宴の夜・二(サロメ)」	オスカー・ワイルド	利賀山房
1978	1	「バッコスの信女」	エウリピデス	岩波ホール
	8	「宴の夜・三」		利賀山房
	11	「死の影」		ルーブル美術館
1979	8	「宴の夜・四」		利賀山房

年	月	作品名	原作	劇場
	11	「家庭の医学」	ローラン・トポール「ジョコ、記念日を祝う」	ディスコ・フルハウス
1981	7	ミュージカル「スウィーニィ・トッド」	スティーブン・ソンドハイム(作詞・作曲)	帝国劇場
1982	12	「昼餐会」		早稲田小劇場池袋アトリエ
1983	8	「王妃クリテムネストラ」	アイスキュロス、エウリピデス	利賀山房
	12	「悲劇—アトレウス家の崩壊」	アイスキュロス、エウリピデス	帝国劇場
1984	12	「リア王」	シェイクスピア	利賀山房
	12	「三人姉妹」	チェーホフ	利賀山房
1986	8	「桜の園」	チェーホフ	利賀山房
1988	8	「ワーニャ伯父さん」	チェーホフ	利賀山房
1989	8	「遊人頌〈I〉(ハムレット)」	シェイクスピア	利賀村健康増進センター
1990	3	「ディオニュソス—おさらば教の誕生—喪失の様式をめぐって1」	エウリピデス	水戸芸術館ACM劇場
1991	1	「マクベス—おさらば教の隆盛—喪失の様式をめぐって2」	シェイクスピア	水戸芸術館ACM劇場
	7	「世界の果てからこんにちは」		利賀野外劇場
1992	1	「イワーノフ—おさらば教の道草—喪失の様式をめぐって3」	チェーホフ	水戸芸術館ACM劇場
1993	7	「ジュリエット—ロミオを待ちつつ」	シェイクスピア	利賀野外劇場
1994	7	「帰ってきた日本」		新利賀山房
1995	8	「エレクトラ」(宮城聰との共同演出)	ホフマンスタール	利賀野外劇場
1996	4	「絃(いと)と幻—ジョン・シルバー」	唐十郎	利賀山房
	8	「カチカチ山」	太宰治	新利賀山房
1998	4	オペラ「リアの物語」(国際音楽祭ミュンヘン・ビエンナーレ)	細川俊夫(作曲)	ガスタイク・カール・オルフ・ホール
	8	「鏡の家」		利賀山房
	10	「悲しい酒」		静岡県舞台芸術公園「楕円堂」

年	月	作品名	原作	劇場
1999	4	「シラノ・ド・ベルジュラック」	エドモン・ロスタン	静岡県舞台芸術公園野外劇場「有度」
	7	「さようなら利賀フェスティバル」		新利賀山房
2000	6	「オイディプス王」	ソフォクレス	静岡県舞台芸術公園野外劇場「有度」
	6	能「善知鳥」(シテ 観世栄夫)		静岡芸術劇場
	11	「シンデレラ—ドラキュラの花嫁」		静岡芸術劇場
2002	12	「ザ・チェーホフ」(イワーノフ、ラネーフスカヤ、ワーニャ伯父さん)		静岡芸術劇場
2004	3	「別冊 谷崎潤一郎」		静岡県舞台芸術公園「楕円堂」
	5	「幽霊—別冊 イプセン」		静岡県舞台芸術公園「楕円堂」
2005	3	「病院長屋の日本人たち」		静岡県舞台芸術公園「BOX シアター」
	12	「廃車長屋の異人さん—ゴーリキー作「どん底」より」		静岡芸術劇場
2007	5	「別冊 別役実—AとBと一人の女」		静岡県舞台芸術公園「BOX シアター」
	6	「サド侯爵夫人(第二幕)」	三島由紀夫	静岡県舞台芸術公園「楕円堂」
2009	8	「廃車長屋のカチカチ山」		利賀野外劇場
	12	オペラ「椿姫」(飯森範親指揮、藤原歌劇団合唱部、東京フィルハーモニー交響楽団)	ヴェルディ(作曲)	静岡グランシップ中ホール
2010	8	「新・帰ってきた日本」	長谷川伸	新利賀山房
2011	2	「茶花女」	アレクサンドル・デュマ・フィス「椿姫」	台北国家戯劇院
	8	「新々・帰ってきた日本—「瞼の母」より」	長谷川伸	利賀 岩舞台

年	月	作品名	原作	劇場
2012	5	「シンデレラ」	ロッシーニ作曲オペラ「シンデレラ」より	静岡芸術劇場
2013	8	「新釈・瞼の母」	長谷川伸、ベケット他	新利賀山房
2014	8	「からたち日記由来」	鹿沢信夫	利賀山房
	8	「トロイアの女(新版)」	エウリピデス	新利賀山房
2016	8	「幻影日誌」	鹿沢信夫	利賀山房
	8	「ニッポンジン—「瞼の母」より」	長谷川伸、ベケット他	新利賀山房
2017	8	「北国の春」	鹿沢信夫	利賀山房
2018	8	「津軽海峡冬景色」		新利賀山房

渡辺 保

1936年東京生まれ．演劇評論家，文学博士．日本芸術院会員．

慶応大学卒業後，東宝入社．1965年『歌舞伎に女優を』で評論デビュー．河竹賞，読売文学賞，芸術選奨文部大臣賞，日本芸術院恩賜賞，紫綬褒章，旭日小綬章など受賞・受章多数．

『女形の運命』(紀伊國屋書店，のち岩波現代文庫)，『歌右衛門伝説』(新潮社)，『日本の舞踊』(岩波新書)，『忠臣蔵もう一つの歴史感覚』(白水社，のち講談社学術文庫)，『黙阿弥の明治維新』(新潮社，のち岩波現代文庫)，『江戸演劇史 上・下』『戦後歌舞伎の精神史』(以上，講談社)，『身体は幻』(幻戯書房)，『九代目團十郎』(演劇出版社)など著書多数．

演出家 鈴木忠志 その思想と作品

2019年7月25日　第1刷発行

著　者　渡《わた》辺《なべ》 保《たもつ》

発行者　岡本 厚

発行所　株式会社 岩波書店
〒101-8002 東京都千代田区一ツ橋2-5-5
電話案内 03-5210-4000
https://www.iwanami.co.jp/

印刷・三秀舎　カバー・半七印刷　製本・牧製本

ISBN 978-4-00-001086-3　Printed in Japan